NARRAR O VIVIDO, NARRAR O NARRADO
EXPERIÊNCIAS E MEMÓRIAS DE ORIENTADORES ESCOLARES NA EDUCAÇÃO INFANTIL

Editora Appris Ltda.
1ª Edição - Copyright© 2024 da autora
Direitos de Edição Reservados à Editora Appris Ltda.

Nenhuma parte desta obra poderá ser utilizada indevidamente, sem estar de acordo com a Lei nº 9.610/98. Se incorreções forem encontradas, serão de exclusiva responsabilidade de seus organizadores. Foi realizado o Depósito Legal na Fundação Biblioteca Nacional, de acordo com as Leis nᵒˢ 10.994, de 14/12/2004, e 12.192, de 14/01/2010.

Catalogação na Fonte
Elaborado por: Dayanne Leal Souza
Bibliotecária CRB 9/2162

B739n
2024
	Bortolotti, Sandra Cristina Motta
	    Narrar o vivido, narrar o narrado: experiências e memórias de orientadores escolares na educação infantil / Sandra Cristina Motta Bortolotti. – 1. ed. – Curitiba: Appris, 2024.
	    183 p. : il. color. ; 23 cm. – (Coleção Educação, Tecnologias e Transdisciplinaridades).
	
	    Inclui referências.
	    Inclui anexos.
	    ISBN 978-65-250-6738-4
	
	    1. Experiência. 2. Memória. 3. Narrativas. 4. Educação infantil. 5. Orientador escolar. I. Bortolotti, Sandra Cristina Motta. II. Título. III. Série.
	
	<div align="right">CDD – 370.111</div>

Livro de acordo com a normalização técnica da ABNT

Appris
editora

Editora e Livraria Appris Ltda.
Av. Manoel Ribas, 2265 – Mercês
Curitiba/PR – CEP: 80810-002
Tel. (41) 3156 - 4731
www.editoraappris.com.br

Printed in Brazil
Impresso no Brasil

Sandra Cristina Motta Bortolotti

NARRAR O VIVIDO, NARRAR O NARRADO
EXPERIÊNCIAS E MEMÓRIAS DE ORIENTADORES ESCOLARES
NA EDUCAÇÃO INFANTIL

Appris
editora

Curitiba, PR
2024

FICHA TÉCNICA

EDITORIAL — Augusto Coelho
Sara C. de Andrade Coelho

COMITÊ EDITORIAL — Ana El Achkar (Universo/RJ)
Andréa Barbosa Gouveia (UFPR)
Antonio Evangelista de Souza Netto (PUC-SP)
Belinda Cunha (UFPB)
Délton Winter de Carvalho (FMP)
Edson da Silva (UFVJM)
Eliete Correia dos Santos (UEPB)
Erineu Foerste (Ufes)
Fabiano Santos (UERJ-IESP)
Francinete Fernandes de Sousa (UEPB)
Francisco Carlos Duarte (PUCPR)
Francisco de Assis (Fiam-Faam-SP-Brasil)
Gláucia Figueiredo (UNIPAMPA/ UDELAR)
Jacques de Lima Ferreira (UNOESC)
Jean Carlos Gonçalves (UFPR)
José Wálter Nunes (UnB)
Junia de Vilhena (PUC-RIO)

Lucas Mesquita (UNILA)
Márcia Gonçalves (Unitau)
Maria Aparecida Barbosa (USP)
Maria Margarida de Andrade (Umack)
Marilda A. Behrens (PUCPR)
Marília Andrade Torales Campos (UFPR)
Marli Caetano
Patrícia L. Torres (PUCPR)
Paula Costa Mosca Macedo (UNIFESP)
Ramon Blanco (UNILA)
Roberta Ecleide Kelly (NEPE)
Roque Ismael da Costa Güllich (UFFS)
Sergio Gomes (UFRJ)
Tiago Gagliano Pinto Alberto (PUCPR)
Toni Reis (UP)
Valdomiro de Oliveira (UFPR)

SUPERVISORA EDITORIAL — Renata C. Lopes

PRODUÇÃO EDITORIAL — Sabrina Costa

REVISÃO — Andrea Bassoto Gatto

DIAGRAMAÇÃO — Amélia Lopes

CAPA — Kananda Ferreira

REVISÃO DE PROVA — Sabrina Costa

COMITÊ CIENTÍFICO DA COLEÇÃO EDUCAÇÃO, TECNOLOGIAS E TRANSDISCIPLINARIDADE

DIREÇÃO CIENTÍFICA — Dr.ª Marilda A. Behrens (PUCPR)

Dr.ª Patrícia L. Torres (PUCPR)

CONSULTORES — Dr.ª Ademilde Silveira Sartori (Udesc)

Dr. Ángel H. Facundo
(Univ. Externado de Colômbia)

Dr.ª Ariana Maria de Almeida Matos Cosme
(Universidade do Porto/Portugal)

Dr. Artieres Estevão Romeiro
(Universidade Técnica Particular de Loja-Equador)

Dr. Bento Duarte da Silva
(Universidade do Minho/Portugal)

Dr. Claudio Rama (Univ. de la Empresa-Uruguai)

Dr.ª Cristiane de Oliveira Busato Smith
(Arizona State University /EUA)

Dr.ª Dulce Márcia Cruz (Ufsc)

Dr.ª Edméa Santos (Uerj)

Dr.ª Eliane Schlemmer (Unisinos)

Dr.ª Ercilia Maria Angeli Teixeira de Paula (UEM)

Dr.ª Evelise Maria Labatut Portilho (PUCPR)

Dr.ª Evelyn de Almeida Orlando (PUCPR)

Dr. Francisco Antonio Pereira Fialho (Ufsc)

Dr.ª Fabiane Oliveira (PUCPR)

Dr.ª Iara Cordeiro de Melo Franco (PUC Minas)

Dr. João Augusto Mattar Neto (PUC-SP)

Dr. José Manuel Moran Costas
(Universidade Anhembi Morumbi)

Dr.ª Lúcia Amante (Univ. Aberta-Portugal)

Dr.ª Lucia Maria Martins Giraffa (PUCRS)

Dr. Marco Antonio da Silva (Uerj)

Dr.ª Maria Altina da Silva Ramos
(Universidade do Minho-Portugal)

Dr.ª Maria Joana Mader Joaquim (HC-UFPR)

Dr. Reginaldo Rodrigues da Costa (PUCPR)

Dr. Ricardo Antunes de Sá (UFPR)

Dr.ª Romilda Teodora Ens (PUCPR)

Dr. Rui Trindade (Univ. do Porto-Portugal)

Dr.ª Sonia Ana Charchut Leszczynski (UTFPR)

Dr.ª Vani Moreira Kenski (USP)

AGRADECIMENTOS

Seguindo na linha da também aprendizagem no doutorado sobre escovar palavras como Manoel de Barros, no lugar de agradecer, vou comemorar... Palavra que em seu sentido literal significa celebrar, festejar. Mas etimologicamente, *commemorare* significa trazer à memória, recordar junto ao outro.

Assim, comemoro com Sergio Bortolotti e Pedro Bortolotti pelas experiências vividas em família, que nos marcam com amor, companheirismo, incentivo.

Com Fabiana Eckhardt, minha admiradíssima orientadora e amiga, cujas experiências partilhadas vêm criando memórias.

Com Heloisa Carreiro, querida amiga que o trabalho com a educação infantil na Rede Municipal de Ensino de Petrópolis me deu, pelas memórias que representam tudo que sonhamos, pensamos, concretizamos ou deixamos de fazer...

Com todas e todos que ao longo dos anos vêm trabalhando pela educação infantil na Rede Municipal de Ensino de Petrópolis, principalmente com as orientadoras que se dispuseram a compartilhar suas experiências, abrindo suas memórias e seus corações, contribuindo grandemente não só para a realização do estudo, mas com a história dos Centros de Educação Infantil.

E comemoro com cada criança que, ao longo de mais de trinta anos, passou pelas minhas salas de aula, para quem eu estudava, dialogava e buscava fazer o melhor que sabia e podia em cada momento.

Um acontecimento vivido é finito,
ou pelo menos encerrado na esfera do vivido,
ao passo que o acontecimento lembrado é sem limites, porque
é apenas uma chave para tudo que veio antes e depois.

(Walter Benjamin)

PREFÁCIO

Todos temos algo a dizer sobre a escola pública, sobre a educação e sobre a formação de professores(as). Este livro trata dos Centros de Educação Infantil, os CEIs, espaço de educação das crianças pequenas, e de suas professoras. Como CEIs, esses espaços aproximam-se e afastam-se da ideia que temos de escola.

Neste livro, a autora dialoga com as experiências registradas nas memórias das primeiras orientadoras escolares desses espaços acerca da formação continuada por elas desenvolvida. Dessa forma, é um livro que trata de formação, não de capacitação ou treinamento elaborado no comércio da educação. É um trabalho que nos convida a explorar caminhos indeterminados, desde a autonomia intelectual de cada um(a) dos(as) envolvidos(as). Um trabalho que conta a história dos Centros de Educação Infantil em Petrópolis e das equipes que os constituíram, tendo como referencial orientador o compromisso com as infâncias.

Apesar de ser um diálogo entre a pesquisadora e as orientadoras escolares dos Centros de Educação Infantil, as crianças fazem-se presentes na intenção cuidadosa de pensar a educação delas, para elas e com elas. Propondo-se a escutar as vozes das orientadoras escolares dos CEIs, a pesquisa que dá vida a este livro aproxima muitas vozes distintas que vão potencializar a formação continuada *in loco* para os fazeres educacionais. No registro dessa história, essas mulheres – professoras – orientadoras escolares apresentam-nos seus desafios e suas possibilidades, diante das tantas *situações limites* que construíram *inéditos viáveis* a partir da realização do trabalho coletivo, aprendidos na concepção freireana.

Nesse movimento de escuta e também de composição da narrativa que foi produzida por Sandra, mas que traz a voz de muitas outras pessoas, cartas são trocadas como instrumento metodológico de pesquisa, na intenção de comunicar experiências. Escrever cartas exige tempo, reflexão e disciplina, pois é uma forma de compartilhar vivências mais pessoais, íntimas até. Escrevemos ou escrevíamos cartas (pois parece ser um gênero textual de correspondência em desuso dada a sua morosidade na comunicação), pelos mais variados motivos: conversar, desabafar, agradecer, pedir, informar, registrar, falar da vida.

Como metodologia de investigação, não apenas aproxima os sujeitos da pesquisa e a pesquisadora, mas fala a respeito de quem a escreve e sempre revela algo sobre quem a recebe, permitindo aquilatar a intensidade do relacionamento.

Escrever cartas é, para muitos, além de uma emoção, uma forma de ousar, de ser transparente e vulnerável com a pessoa que se convida a participar desse processo, porque estamos escrevendo para alguém. No caso deste livro, para aqueles e aquelas que as sucederam e tantos mais que virão. Como resultado desse processo de trocas afetivas, constrói-se a confiança e cresce a intimidade, assumindo-se um pacto epistolar explícito entre a pesquisadora e suas interlocutoras, que compartilham experiências e deixam conselhos.

No exercício de escutar as primeiras orientadoras escolares dos Centros de Educação Infantil, Sandra compartilha seu conhecimento sobre o assunto e expõe-se ao nos contar sua longa trajetória na Rede Pública Municipal de Petrópolis diante do compromisso que assumiu com as crianças das classes populares.

Neste texto, somos capazes de ouvir a voz suave da autora, acompanhada de uma escuta delicada do outro ou, melhor dizendo, das outras mulheres-professoras-orientadoras escolares que, com ela, foram constituindo esses espaços de educação infantil em Petrópolis.

Este livro, sem pretensão de contar uma história, ou uma única história possível, conta-nos experiências que poderiam ser outras. E com uma alegria parecida com a que senti ao receber o convite para escrever este prefácio, convido a todos e todas para desfrutar da leitura deste texto que transborda beleza desde a intenção da pesquisa, a experiência narrada, os movimentos da escrita e o cuidado na elaboração das cartas.

Prof.ª Dr.ª Fabiana Eckhardt

Universidade Católica de Petrópolis

SUMÁRIO

I

INTRODUÇÃO.. 13

II

REMEXENDO O MEU BAÚ DE MEMÓRIAS: COMO TUDO COMEÇOU, UMA PRIMEIRA NARRATIVA.. 23

II.I O CONTEXTO 26

II.II OS SUJEITOS DA PESQUISA 46

II.III O CAMPO DO ESTUDO: ENTRELAÇANDO OUTROS FIOS 52

III

MOULAGE: MOLDANDO O ESTUDO A PARTIR DAS EXPERIÊNCIAS, MEMÓRIAS E NARRATIVAS – PERCURSO E PRODUÇÃO DE DADOS57

III.I AS NARRATIVAS COMO POSSIBILIDADE DE PRODUÇÃO DE DADOS PARA A PESQUISA... 64

IV

CARTAS PEDAGÓGICAS: OS FIOS DA CARRETILHA QUE CONVIDAM AO DIÁLOGO COM AS NARRATIVAS.................................... 77

IV.I EXPERIÊNCIA, MEMÓRIAS E NARRATIVA 80

IV.II NARRANDO AS EXPERIÊNCIAS DA FORMAÇÃO CONTINUADA 108

IV.III AS NARRATIVAS E UMA NOVA MIRADA – PERSPECTIVAS DECOLONIAIS 124

V

FINALIZANDO O DIÁLOGO: PORQUE É PRECISO ARREMATAR ... 151

REFERÊNCIAS... 165

ANEXOS

CARTA 1 177

CARTA 2 179

CARTA 3 180

CARTA 4 181

CARTA 5 182

INTRODUÇÃO

[...] O que passou não conta?, indagarão as bocas desprovidas. Não deixa de valer nunca. O que passou ensina com sua garra e seu mel. Por isso é que agora vou assim no meu caminho, publicamente andando. Não, não tenho caminho novo. O que tenho de novo é o jeito de caminhar. Aprendi (o que o caminho me ensinou) a caminhar cantando como convém a mim e aos que vão comigo. Pois já não vou mais sozinho [...].

(Thiago de Mello)

Os estudos sobre infância, educação infantil, formação de professores não são novos. Vão sendo entrelaçados aos diferentes contextos históricos, caracterizando avanços, retrocessos, mudanças de rumos a depender das políticas e práticas que os sustentam. Assim, não tenho aqui a apresentação de um caminho novo, como alertou o poeta, mas um novo jeito de caminhar, narrando com os que vão comigo.

Então vou me dirigir ao(à) leitor(a) nesta introdução por meio de uma carta, uma conversa por escrito, configurando-se como a própria conexão, o diálogo, entre as vivências do remetente e do receptor. A metodologia utilizada no processo do estudo foi a troca de cartas pedagógicas, buscando dialogar com os sujeitos da pesquisa, como será apresentado no texto, metodologia essa encontrada como o caminho possível para o momento vivido, principalmente na segunda metade do curso do doutorado, os anos de 2020 a 2022.

Mas para iniciar nossa conversa, sugiro começarmos a nos lembrar do ano de 2018 que foi fortemente marcado pela polarização das discussões políticas, literalmente levantando muros entre duas concepções inteiramente divergentes – a sociedade brasileira já não concordava mais nem com o básico, como a vida como um direito.

Lembro-me de que a escola e os fazeres do professor eram colocados em xeque na tentativa de difundir uma imagem negativa dos professores e das instituições educacionais. O que pode parecer pequeno diante de tantos improváveis serve como aporte às discussões sobre o que significa ser professor no Brasil. Discussão sempre necessária, não é mesmo?

Por isso, a conclusão do estudo em 2022 certamente despertou um misto de sentimentos sobre os quatro anos compreendidos no curso do doutorado. Para além da pandemia, é possível afirmar que vivemos a era do improvável quando, no cenário político, discutia-se sobre terraplanismo, armas ou livros nas mãos, tomar ou não vacina no enfrentamento de uma pandemia. Enquanto estudava, não só essas questões, mas tantas outras no mesmo viés, diuturnamente, eram colocadas. Certamente você também tem suas próprias memórias do período.

Tendo minha formação acadêmica e profissional caminhado *pari passu* com os desdobramentos da Lei de Diretrizes e Bases da Educação Nacional de 1996 (LDB n.º 9.394/96), com influência da produção científica colocando em relevo a importância da profissionalização docente, do profissional reflexivo, assistimos atônitos o pêndulo inclinando rapidamente no sentido da desprofissionalização quando o período foi sendo marcado não só por discursos, mas ações, que cerceavam o fazer do professor na tentativa de atribuir-nos somente as funções técnicas, executivas e burocráticas de programas e projetos gestados fora das instituições educacionais, desconsiderando as dimensões sociais, culturais e políticas da profissão. E olha que para a elaboração do texto muito foi lido sobre reflexão, criticidade etc.

Dedicando mais de 30 anos à docência, nunca vi, ao longo desses anos, a sociedade debater com tanta vontade, como no período dedicado a este estudo, as condições de trabalho do professor, sua valorização, a participação da família na vida escolar dos filhos, a realidade das escolas, enfim, todas as dimensões que faceiam o cenário educacional, muito por conta da evidência que os fazeres da escola tomou quando ela ficou tão exposta.

Mais da metade dos quatro anos do meu doutorado deu-se no período declarado pela Organização Mundial da Saúde (OMS) como a pandemia da Covid-19, que, como uma medida fundamental de proteção, levou-nos ao distanciamento social. A partir daí, o decreto de fechamento das instituições educacionais de todos os níveis escolares impôs uma nova forma de reorganização do trabalho pedagógico, o modelo remoto, que evidenciou ainda mais a desigualdade de condições de acesso e de permanência das crianças e dos jovens brasileiros à educação.

A tecnologia possibilitou que o distanciamento necessário no período não se configurasse como isolamento, o que poderia ter implicações muito piores para nós, sujeitos sociais que somos. Mas as desigualdades de acesso aos recursos tecnológicos e tantos outros direitos fundamentais ressaltaram o quanto ainda precisa ser efetivado. Para as instituições de educação infantil, além das questões citadas, juntou-se a necessidade de reflexão da própria concepção do trabalho a ser realizado, iluminando ainda mais a necessidade de encontrarmos o verdadeiro sentido dos fazeres pedagógicos para essa etapa da educação básica. Conseguimos? Pergunta sempre necessária.

A pandemia da Covid-19 aniquilou milhares de vidas, obrigando-nos a olhar mais devagar para nós mesmos, para nossa casa, para o mundo, em busca de sentidos. Podemos considerar também como uma possibilidade de (re)encontro com nós mesmos. E num período em que tantas homenagens foram feitas a Paulo Freire no ano do centenário de seu nascimento, a leitura e os estudos de sua obra foram ajudando na busca pelos sentidos e significados de tudo que vivemos. Quando ele conclama a boniteza da vida, devemos nos perguntar o que podemos fazer para o mundo ser menos feio. E podemos dizer que a resposta está naquilo que é a nossa profissão: a educação. Era preciso resistir e depois reexistir. Criar uma nova existência a partir do vivido. E com ele dialogar para buscarmos outros modos de viver. Quem sabe o caminho possível seja encontrar outros modos de olhar as infâncias, buscando outras pedagogias para esses sujeitos nas instituições educacionais?

Nas leituras para a elaboração do estudo, compreendi com Walter Benjamin o conceito de experiência, isso que Larrosa afirma ser aquilo que nos atravessa, que nos marca. O período vivido foi marcante certamente, mas espero sinceramente que suas lições não sejam esquecidas como tantas outras já vivenciadas. Ah, nossas memórias... Os autores citados ressaltam que é preciso narrar as experiências para que elas não se percam para que delas possamos extrair lições. E a educação formal tem um papel fundamental nesse não esquecimento, na busca por aprendermos a *sermos mais.*

E como educação anda de mãos dadas com a certeza do *inacabamento,* conceito freireano que define o humano não como um ser que já é, uma realidade pronta, mas como aquele que se faz por meio de sua ação no mundo, considerar que a cada momento não somos tudo o que poderemos vir a ser, a dimensão ontológica do ser faz-nos conscientes da incompletude. Por isso, assim podemos compreender que

> [...] é na inconclusão do ser, que se sabe como tal, que se funda a educação como processo permanente. Mulheres e homens se tornaram educáveis na medida em que se reconheceram inacabados. Não foi a educação que fez mulheres e homens educáveis, mas a consciência de sua inconclusão é que gerou

> sua educabilidade. É também na inconclusão de que nos torna-
> mos conscientes e que nos inserta no movimento permanente
> de procura que se alicerça a esperança (Freire, 1996, p. 30).

E ter esperança como fé na humanidade impele-nos a ir pra frente, criar um amanhã diferente, não é mesmo?

Esperançando com Freire (2020, p. 115) "para construir, ir atrás, juntar-se com outros para fazer de outro modo", o estudo que será apresentado neste livro intencionou também registrar um pouco da trajetória da educação infantil na rede municipal de ensino de Petrópolis,[1] cidade localizada na região serrana do estado do Rio de Janeiro, tornando visível tantos *inéditos viáveis* a partir das *situações limites* que coletivamente foram pensadas, trabalhadas, superadas.

Nesse contexto, o estudo focou as instituições denominadas Centros de Educação Infantil (CEIs)[2] lócus de atuação dos Orientadores Escolares,[3] sujeitos da pesquisa. De certo modo, leitor/leitora, escrever para ti é também escrever para mim, pois percebo o quanto as narrativas das vivências pessoais de cada um desses sujeitos indicam como foram marcados por suas histórias a partir das memórias escolhidas para serem compartilhadas.

A experiência é individual, mas também é coletiva, sendo uma importante forma de construção de memórias e conhecimentos. O narrador é protagonista e atribui significados aos processos vividos como você poderá conhecer no texto.

Ao longo de muitos anos, esse contexto e esses sujeitos fizeram parte do meu cotidiano, uma vez que, direta e indiretamente, meu trabalho a eles entrelaçava-se. No percurso do trabalho e de meus estudos, a primeira etapa da educação básica sempre me tocou como um desafio, primeiro como professora e posteriormente como formadora de professores. Muitas são as demandas, inúmeros os questionamentos. Mas colocar a formação dos profissionais em relevo parece-me bastante pertinente, pois, acredito que esse é um caminho potente para consolidar o lugar da primeira etapa da educação básica para além do caráter puramente assistencialista que foi a tônica durante tantos anos, buscando-se uma alteração de rota a partir

---

[1] Ao longo do texto será utilizado o termo Rede para identificar a Rede Municipal de Ensino de Petrópolis.

[2] Nomenclatura dada às antigas creches na Rede Municipal de Ensino de Petrópolis após o Decreto Municipal n.º 833 de 22 de abril de 2004.

[3] Ao longo do estudo será utilizada a sigla OE para identificar os Orientadores Escolares.

de lutas sociais que se desdobraram em projetos políticos, mas que, de tão frágeis, ainda precisamos seguir vigilantes diante de possíveis retrocessos.

Todos esses anos tenho buscado contribuir com o trabalho na educação infantil da Rede. E agora, buscarei compartilhar neste livro os diálogos tecidos ao longo da pesquisa para registrar as experiências buscadas nas memórias daquelas que comigo compartilharam ou ainda compartilham a caminhada.

Para melhor situá-lo(a) nesse enredo, gostaria de apresentar o que me motivou à pesquisa. Já conhecedora de muitos aspectos da caminhada dos CEIs, encharcada com suas dores e delícias, no início do curso intencionava uma aproximação com a formação continuada das equipes dos CEIs pelos OEs nos Grupos de Estudos (GEs), sendo essa questão geradora de muitas inquietações no trabalho que realizei na Secretaria de Educação da Rede no tocante à educação infantil, especificamente os CEIs. Não expliquei isso anteriormente, pois você conhecerá essa trajetória ao longo do texto.

O que no início do estudo propunha-se numa pesquisa de campo para acompanhar in loco o desenvolvimento da formação continuada, diante do fechamento das instituições educacionais a rota precisou ser alterada, sem, contudo, perder de vista a essência dos questionamentos iniciais. Hoje penso o quanto essa alteração de rota foi enriquecedora, fazendo-me caminhar de outras formas, permitindo-me o encantamento do processo. Conversar com essas parceiras de caminhada à distância possibilitou-nos uma aproximação de corações e mentes que talvez a proximidade no dia a dia não permitisse devido ao tempo cronológico que muitas vezes endurece o viver. Nosso tempo era *aión*.

Mas preciso confessar que essas mudanças de rota desestabilizaram--nos. Porém, o que me fortaleceu foi pensar que essa situação era muito pequena diante do todo que o mundo vivia.

Dialogar com as primeiras OEs de CEIs por meio de cartas, buscando as experiências registradas em suas memórias acerca da formação conti-nuada por elas desenvolvida, considerando-as como sujeitos únicos, com histórias únicas, cujas experiências também são únicas dado o ineditismo da função quando essas profissionais iniciaram seus trabalhos, despertou em mim memórias de tantas experiências que vivemos no trabalho ao longo de todos esses anos.

"Dar escuta" a esses sujeitos únicos, registrando suas memórias, significa a possibilidade de não deixar morrer a narrativa, como alertava Benjamin

(1987), valorizando suas experiências, que podem até a virem a ser conselhos. E, também, as palavras desses sujeitos significa, no sentido freireano (2019), pronunciar as múltiplas dimensões que atravessam o que viveram, pois, não narram só a experiência descolada do contexto. Suas narrativas caracterizam-se como uma possibilidade de produção coletiva de conhecimentos a partir da reflexão.

Adotei a perspectiva dialógica ancorada nos princípios freireanos (2019) para o desenvolvimento do estudo, sendo que ele, Freire, desafia-nos a pensar a situação dialógica como condição para a interação e a partilha de mundos diferentes, mas que comungam do sonho e da esperança de juntos construirmos o nosso *ser mais*. E continuando com o pensamento do autor, o diálogo como o encontro em que se solidarizam o refletir e o agir de seus sujeitos endereçados ao mundo a ser transformado e humanizado não pode reduzir-se a um ato de depositar ideias de um sujeito no outro, tampouco tornar-se simples troca de ideias a serem consumidas pelos permutantes (Freire, 2019).

A essa altura você, leitor(a), já é capaz de perceber o quanto sou envolvida por essa trajetória e por isso fui ao encontro de outros sujeitos para dialogar, ouvir suas vozes, elaborando a questão da pesquisa da seguinte forma: **o que revelam as narrativas das Orientadoras Escolares a partir de suas experiências de formação continuada nos Centros de Educação Infantil da Rede Municipal de Ensino de Petrópolis**, buscando conhecer as experiências vividas por elas nos espaços/tempos de formação continuada, a partir de suas narrativas, produzindo conhecimentos de forma compartilhada, de modo dialógico, num encontro de memórias individuais e coletivas?

Ao longo do texto você terá a oportunidade de conhecer como essa trajetória foi constituída, todas as *situações limites* enfrentadas durante vinte anos para que hoje o trabalho tenha algumas condições que consideramos mais positivas para acontecer. Olhando para trás e para todo o percurso, penso que este estudo narra experiências e dialoga com o conclamado por Benjamin, "registrar para não esquecer".

Caminhar por essas narrativas, assumindo a postura dialógica que Freire coloca como requisito fundamental da prática educativa democrática, estabelecendo um diálogo com o outro, dando escuta ao diferente, revelando experiências dos sujeitos da pesquisa, é possível afirmar que essas experiências são frutos de um sonho como um projeto. Como veremos no texto, foram viabilizados sonhos que pareciam impossíveis na trajetória histórica dos CEIs. Os sujeitos deste estudo construíram coletivamente as mudanças ocorridas e ouvi-los traz a possibilidade de colocar em relevo os anúncios e as denúncias, *esperançando* pela concretização de novos sonhos possíveis.

O estudo apresentado neste livro registra parte da história do contexto a partir das vozes dos sujeitos que com ela contribuem ou contribuíram, e também a partir delas poderá ser possível propor outras perguntas, num compromisso de transformação das realidades. Conhecer essas experiências e aproximar a realidade do nosso contexto ao campo de estudo em que a pesquisa inseriu-se também contribui para as reflexões, pois, como poderemos ver no texto, em alguns aspectos corrobora circunstâncias já amplamente apresentadas. Não é a primeira vez que você ouve sobre questões como educação infantil e formação de professores, não é mesmo?

Entretanto, no tocante ao contexto em que se deu o estudo, é possível considerar que a aproximação com as perspectivas da colonialidade caracteriza-se como uma ampliação do olhar uma vez que algumas *situações limites* denunciadas podem ter novas miradas, anunciando *inéditos viáveis* e provocando outras formas de ser e de fazer a educação das infâncias.

Não te contei ainda sobre um autor que foi muito importante no processo de estudo. Com ele aprendi a olhar as pistas e os sinais que o dito e não dito anunciavam ou denunciavam. Estou falando de Ginzburg. Conhece? Vale a pena. Um fio que aparecia um pouco solto em algumas cartas possibilitou uma rica reflexão. Não nova, como poderá verificar, mas talvez mais clara para mim. Estou falando de o ensino fundamental ser o norte que determina muitas das ações da educação infantil; mesmo quando se pretende defender essa etapa da educação básica, a defesa é sustentada nesse norte.

Diferentemente do trecho da epígrafe "nem lembra se olhou pra trás", o estudo constituiu-se também olhando para trás, porém a partir de uma nova olhada, como aprendido com Ginzburg. O movimento de *ad-mirar* um pouco a trajetória histórica da constituição da educação infantil na Rede Municipal de Ensino de Petrópolis a partir dos desdobramentos pós-LDB n.º 9. 394/96 possibilita-nos olhar o passado a partir do presente, movendo-nos entre o que já é em busca do *ser mais*.

A organização do estudo apresentado neste livro considerou a contextualização do estudo, os sujeitos, por onde e como caminhei na construção metodológica e seus achados. Isso posto, o texto organiza-se em quatro capítulos. O primeiro, "Remexendo o meu baú de memórias: como tudo começou, uma primeira narrativa", apresenta o entrelaçamento das minhas trajetórias pessoal e profissional com o estudo, a constituição do campo, os sujeitos e o lócus da pesquisa. Nesse entrelaçamento fui cotejando os fios que teceriam[4] o estudo, buscando dispô-los em separado para apresentar suas características de modo a ressaltar a relevância de cada um para a composição da trama.

No segundo capítulo, "Moulage: moldando o estudo a partir das experiências, memórias e narrativas – percurso e produção de dados", apresento o referencial teórico metodológico que apoiou as reflexões, permitindo a disposição dos fios que podemos nomear de experiência, memória e narrativa, para a tessitura do texto. Os estudos de E. P. Thompson e Walter Benjamin foram essenciais para a constituição desse referencial sobre os conceitos.

Ademais, conhecer o trabalho com narrativas na investigação em educação decorrente da "insatisfação com as produções no campo da educação que se caracterizaram por falar sobre a escola em vez de falar com ela e a partir dela" (Lima; Geraldi; Geraldi, 2015, p. 2) foi determinante para definir a proposta do estudo.

A pesquisa narrativa vem ganhando relevância e constituindo-se como campo de pesquisa na educação, pois busca compreender o particular, o irrepetível, o singular e não comprovar verdades. Possibilita maior aproximação com a vida real na construção do conhecimento visto que compreende as instituições educacionais não somente como um lugar para aplicar os saberes construídos de fora, mas também como espaço de produção de saberes.

Num processo de reflexão, as vozes dos sujeitos da pesquisa possibilitaram sua construção dialógica uma vez que, deixando-me afetar pelo que o outro dizia, encontrei pistas que se abriam como trilhas pelas quais eu poderia seguir. Para interpretar as pistas, que também podemos entender como dados, o paradigma indiciário (Ginszburg, 1989) foi fundamental, pois interpretá-los por meio de indícios, sinais que poderiam parecer irrelevantes, mostrou-se escolha acertada para a percepção das entrelinhas, elaborando uma possível interpretação da realidade.

Diante da impossibilidade da pesquisa de campo previamente planejada devido à situação já apresentada, a opção metodológica pela troca de cartas pedagógicas (Freire, 1995, 2000; Camini, 2012; Dickmann; Paulo,

---

[4] Mesmo reconhecendo que tecer é o verbo mais adequado para o contexto, este estudo, em alguns momentos, utilizará a forma tessitura, relacionada à música, mas que é a expressão definida por Nilda Alves para o trabalho com narrativas.

NARRAR O VIVIDO, NARRAR O NARRADO:
EXPERIÊNCIAS E MEMÓRIAS DE ORIENTADORES ESCOLARES NA EDUCAÇÃO INFANTIL

2020) foi uma maneira rica e prazerosa de ouvir as vozes dos sujeitos da pesquisa e produzir os dados para o estudo. Tais cartas, como compreendido nas leituras, por sua característica têm, obrigatoriamente, que ter objetivos claros na sua composição. Assim, foi delineado com os sujeitos da pesquisa um enredo de reflexões de modo a permitir-lhes a construção de narrativas a partir de suas experiências, dando sentidos ao vivido. A troca de cartas foi coletando memórias sobre as experiências, possibilitando entender os aspectos destacados para o estudo a partir do narrado. Objetivando resguardar a identidade dos participantes, bem como considerando o movimento de trabalho coletivo, todos os trechos utilizados no texto aparecerão com a informação "trecho extraído das cartas".

O terceiro capítulo, "Cartas pedagógicas: os fios da carretilha que convidam ao diálogo com as narrativas" convida ao diálogo com as narrativas, assumindo a responsabilidade de elaborar um texto com as palavras de outros sujeitos, refletindo sobre seus conteúdos atravessados por algumas teorias. Nesse capítulo, as narrativas, em diálogo com a teoria, possibilitam a reflexão sobre identidade profissional, os desafios e as possibilidades da função, a relevância da formação continuada e a organização de seus espaços e tempos nas instituições. Também, já com o faro mais aprimorado, Anibal Quijano (1985) também me ajudou a enxergar o quanto as entrelinhas do narrado expressam a colonialidade do ensino fundamental sobre a educação infantil, muitas vezes dificultando a organização diversa que seu contexto ainda carece.

Nas considerações finais, "Finalizando o diálogo: porque é preciso arrematar", busco no texto os principais fios que possibilitaram sua tessitura, também apresentando o que podemos considerar como conselhos que as OEs, sujeitos do estudo, dariam para os novos profissionais na função, afinal, aquele que tem experiência pode dar conselhos.

II

REMEXENDO O MEU BAÚ DE MEMÓRIAS: COMO TUDO COMEÇOU, UMA PRIMEIRA NARRATIVA

Iniciar o processo de elaboração deste capítulo para a concepção do estudo fez-me revirar minhas memórias em busca de minhas experiências, tentando encontrar o fio que seria o condutor do processo. A opção pelo trabalho com narrativas possibilitou-me o encontro com vários outros trabalhos pautados nessa metodologia e quase todos evocando a analogia entre as narrativas e o processo de tecer.

Encontrei o significado de texto que tem sua gênese no termo latino *texere* (tecer). Talvez por isso seja tão forte a relação que fazemos entre escrever narrativas e tecer alguma coisa, trabalhar com as mãos. Nesse processo, já envolvida pelas memórias de minhas vivências, lembrei-me de minha avó e de minha tia, com as quais aprendi bem cedo a fazer tricô e bordar. Recordo-me de admirar os cestos com os novelos, as caixas de costura, a máquina de costura na qual sempre prendia o dedo quando levantava a tampa e os tecidos, que se transformaram nos meus vestidos de dama de honra e anjo de coroação de Nossa Senhora.

O trabalho artesanal tão próprio do mundo feminino ao longo da história também me fez refletir sobre o contexto deste estudo, a educação infantil, trabalho tipicamente feminino por questões já amplamente discutidas, sobre as quais teceremos algumas reflexões posteriormente.

Quando estava aprendendo a fazer tricô, minha tia sempre me dizia para pegar a ponta de dentro do novelo, pois, dessa forma, ele não ficaria desenrolando e embolando. Achei nessa lembrança o fio condutor para iniciar minha escrita. O fio dentro de mim que conduziu minha trajetória profissional na educação infantil na Rede. Esse contexto foi, então, o tecido a ser trabalhado com agulhas e linhas de modo a constituir a trama do estudo.

Terminei o Curso Normal no Colégio Estadual Dom Pedro II, instituição na qual estudei toda minha vida escolar, no ano de 1989. Uma grande novidade à época era o chamado quarto ano normal, uma "especialização" em pré-escolar. De caráter experimental, seu ingresso dava-se por meio de uma prova que selecionava quem integraria a única turma ofertada. Aprovada, cursei essa complementação do Curso Normal no ano de 1990. Durante todo o curso trabalhava como estagiária em uma escola da Rede privada, na qual o trabalho com as crianças menores já despertava maior interesse.

No ano seguinte, finalizada essa etapa do curso Normal, ingressei na Universidade Católica de Petrópolis (UCP) para cursar a graduação em Pedagogia, período no qual trabalhava na escola à tarde e estudava à noite. Como na época a habilitação para a docência dava-se pelo Curso Normal, fui aprovada no concurso público da Rede Estadual de Ensino (RJ), sendo convocada ao exercício no segundo semestre. Trabalhar em duas escolas, uma da Rede privada e outra pública, possibilitou-me ampliar o olhar sobre diversas demandas que sempre circundam a educação.

Assim como milhares de estudantes do nosso país, também enfrentei várias dificuldades para custear os estudos e também por já prover sozinha minha subsistência. Por isso, assim que me matriculei na universidade inscrevi-me no programa de estágio ofertado pela instituição. Tal programa, similar aos da atualidade, visava apoiar financeiramente alunos que poderiam trabalhar nos diversos setores da instituição e receber uma bolsa de estudos. No segundo semestre fui contemplada com essa oportunidade. Com pesar terminou então meu trabalho na escola privada, na qual muito aprendi durante os anos em que lá permaneci, além de receber os maiores incentivos para realizar o vestibular e iniciar a graduação.

No ano seguinte prestei concurso público para a Rede Municipal de Ensino da cidade de Petrópolis, na qual ingressei logo no início do ano de 1992. Considero bastante significativa minha experiência em diferentes Redes de ensino logo no início de minha trajetória profissional, pois tive a possibilidade de observar e vivenciar o processo organizativo de diferentes contextos.

Como àquela época o curso de Pedagogia destinava-se à formação dos especialistas em Educação, na segunda metade do curso optei pela especialização em Orientação Educacional, que compunha a tríade com Administração Escolar e Supervisão Escolar.

Finalizada a graduação fui convidada a compor a equipe gestora de um dos Centros Integrados de Educação Pública (Cieps), instituições que vinham sendo amplamente difundidas no estado do Rio de Janeiro e que objetivavam oferecer ensino público em período integral aos alunos da Rede Estadual, incluindo a cidade de Petrópolis. Voltada para a formação do aluno

NARRAR O VIVIDO, NARRAR O NARRADO:
EXPERIÊNCIAS E MEMÓRIAS DE ORIENTADORES ESCOLARES NA EDUCAÇÃO INFANTIL

em todas as áreas e dimensões, a proposta não se reduzia apenas à ideia da ampliação da carga horária de permanência da criança nas instituições de ensino. Até hoje, essa agenda ainda é uma demanda necessária e de muita relevância nas políticas educacionais.

Permaneci na gestão do Ciep por um ano, voltando depois à docência em turmas de educação infantil e ensino fundamental em escolas das redes municipal e estadual. No final da década de 90, iniciou-se em Petrópolis, assim como em todo o país, o movimento de incorporação das creches[5] ao Sistema Municipal de Ensino, atendendo ao disposto na legislação educacional. Nesse momento fui convidada a compor uma equipe de pedagogos para iniciar o trabalho pedagógico nas creches, que até o início dos anos 2000 ainda estavam sob a gestão da Secretaria de Programas Sociais (Sepros).

Essa experiência possibilitou-me uma aproximação da educação sob outro prisma, o da operacionalização das legislações. Terminei o curso de Pedagogia um pouco antes da promulgação da LDB n.º 9.394/96, que determinou fatores fundamentais para a reorganização da educação brasileira. Até então, creche e pré-escola eram pautadas por perspectivas bastante diversas das propostas pela nova legislação, que instituiu o caráter educacional para o atendimento à faixa etária de 0 a 5[6] anos, sendo que a concepção do conceito creche foi totalmente modificado à letra da lei.

Conhecer de perto o trabalho das creches no município de Petrópolis foi uma oportunidade de enriquecer minha trajetória profissional, pois nunca havia conhecido nenhuma dessas instituições, sua estrutura e seu funcionamento. Confesso que foi bastante desafiador deparar-me com um cenário no qual o trabalho do pedagogo não era bem compreendido ou até mesmo aceito. As visitas semanais às instituições limitavam-se, na maioria das vezes, a tentar amenizar problemas relacionados às interações pessoais dos profissionais entre si, bem como deles com os familiares e/ou comunidade. Era angustiante ouvir tais demandas e ter muito pouco a contribuir.

Todavia essa experiência contribuiu para que eu participasse ativamente da transição das creches da Sepros para a Secretaria de Educação no ano de 2001. Inicialmente, o trabalho deu-se no sentido de elaborar um

---

[5] Termo usado para caracterizar as instituições vinculadas à assistência social que atendiam crianças em horário integral até a promulgação da LDB n.º 9.394/96. Após a lei, o termo refere-se ao atendimento da faixa etária de 0 a 3 anos de idade.

[6] A Lei n.º 11. 274, de 06 de fevereiro de 2006, altera a redação dos arts. 29, 30, 32 e 87 da Lei n.º 9.394, de 20 de dezembro de 1996, que estabelece as diretrizes e bases da educação nacional, dispondo sobre a duração de nove anos para o ensino fundamental, com matrícula obrigatória a partir dos 6 anos de idade,

diagnóstico da real situação a partir do levantamento de dados que subsidiou o projeto intitulado "Reconfigurando a educação infantil da rede", tomando conhecimento das demandas em relação a espaços, formação de profissionais, organização do pessoal, equipamentos e matrícula para, então, propor políticas municipais voltadas à educação infantil. E, assim, dediquei 17 anos de trabalho aos CEIs no município de Petrópolis. Posso dizer que foi meu centro de estudos e trabalho, buscando dialogar com teorias e práticas que iam se constituindo.

Concomitantemente a esse trabalho também atuei como coordenadora pedagógica e diretora adjunta do Colégio de Aplicação da Universidade Católica de Petrópolis, e atribuo a essa situação, bem como iniciar a docência no curso de Pedagogia, meu encaminhamento à vida acadêmica, cursando pós-graduação *lato sensu* e *stricto sensu* no nível de mestrado, sempre tentando contribuir com as demandas da educação infantil da Rede Municipal de Ensino.

Agora, este livro, que resulta dos estudos concluídos no doutorado, também visa agregar um pouco mais de conhecimento acerca da realidade da Rede quando busca apresentar as experiências das primeiras orientadoras escolares dos CEIs, que foram pioneiras no exercício da função nessas instituições. Penso que trazer essa realidade para o meio acadêmico possibilita maior visibilidade, suscitando discussões e debates ainda tão necessários.

Com o propósito de compor um quadro que permita uma caracterização mais adequada do que ocorreu no processo de transição das creches do âmbito da assistência para o da educação no município de Petrópolis, segue um detalhamento das ações que, na medida do possível, ajudam a situar o leitor no contexto no qual se deu o estudo.

II.I O CONTEXTO

Com a promulgação da Constituição Federal de 1988, que legitimou, pelo menos à letra da lei, os direitos dos cidadãos brasileiros, o ordenamento jurídico passa a compreender que "O dever do Estado com a educação será efetivado mediante a garantia de: Educação Infantil, em creche e pré-escola, às crianças de até cinco anos de idade", de acordo com o art. 208, inciso IV (Brasil, 1988).[7]

---

[7] Emenda Constitucional n.º 53, de 2006, altera a faixa etária da educação infantil de 0 a 6 anos para 0 a 5 anos de idade.

NARRAR O VIVIDO, NARRAR O NARRADO:
EXPERIÊNCIAS E MEMÓRIAS DE ORIENTADORES ESCOLARES NA EDUCAÇÃO INFANTIL

Pensar a educação infantil como um direito da criança pressupõe considerá-la na perspectiva do dever do Estado, que precisa ofertar, no âmbito dos sistemas de ensino, o atendimento a essa faixa etária. Tal perspectiva constitucional foi fortalecida pelo Estatuto da Criança e do Adolescente (ECA), em 1990, que, no capítulo IV, art. 54, inciso IV, aponta ser dever do Estado garantir matrícula em creche e pré-escola às crianças de 0 a 6 anos de idade.[8]

Reconhecer a educação infantil como um direito educacional da criança é algo que vem se constituindo historicamente, possibilitando avanços em alguns momentos, porém demandando constante vigilância em outros. Pode-se considerar que a década de 1990 foi marcada por grandes avanços nas políticas públicas para a primeira etapa da educação básica, uma vez que o reconhecimento de creches e pré-escolas como instituições educativas também responsáveis pelos processos formais de educação possibilitou novos contornos ao atendimento à criança principalmente em creches, muito restritas ao contexto das políticas de caráteres assistencialista e filantrópico.

Entretanto, como mencionado no parágrafo anterior, os movimentos políticos, sociais e econômicos de cada época influenciam fortemente as concepções educacionais e, no contexto atual, a vigilância e a luta devem ser aguerridas no sentido de não permitir que interesses outros que não sejam de valorização da criança e das infâncias definam o caminho a ser trilhado. Rosemberg (2015) convoca-nos a atuar com lealdade aos bebês e às crianças em busca de denunciar e coibir o uso instrumental da criança e das infâncias.

Pode-se atribuir aos movimentos sociais e suas reivindicações grande parte do reconhecimento dado aos direitos das crianças nas políticas públicas, bem como aos estudos realizados em diversas áreas sobre os sujeitos crianças. Escrever sobre educação infantil hoje aproxima-nos fortemente das longas discussões passadas, puxando fios longevos, contemplando os entendimentos sobre o atendimento às crianças de 0 a 5 anos na sociedade.

Há muito que os temas creche e pré-escola estão em discussão nos meios educacionais brasileiros. É importante ressaltar que essa discussão configura-se como um fenômeno comum a diversos países, que se pautam em diversos fatores para delinear ações para a expansão da educação para as infâncias no mundo, entre os quais destacam o avanço do conhecimento científico sobre o desenvolvimento da criança, a participação crescente da mulher no mundo do trabalho formal e o reconhecimento social sobre o

---

[8] A Lei n.º 13.306, de 2016, altera a redação do ECA, definindo a faixa etária de 0 a 5 anos na educação infantil.

direito da criança à educação na primeira infância, que se deu a partir de consciência social sobre o significado da infância. "Reconhecendo que creches e pré-escolas integram o sistema educacional, junto aos demais níveis de ensino, embora não em caráter obrigatório, a nova Constituição consagra, no plano da lei, o que os movimentos sociais já vinham reivindicando em várias partes do país (Campos; Rosemberg; Ferreira, 2001, p. 16).[9]

Esse fato, por si só, representa um significativo avanço para uma realidade mais favorável ao atendimento aos direitos das crianças. Se anteriormente a esse documento a intenção limitava-se a "assistir" ou "amparar a maternidade e a infância" (Campos; Rosemberg; Ferreira, 2001, p. 18), a nova Carta Constitucional nomeia formas mais concretas para garantir a educação dessas crianças.

O panorama supracitado deu maior relevo às temáticas creche e pré-escola que à época, como ainda hoje, caminhavam em busca de uma identidade em diálogo com as políticas oficiais.

Na esteira desse movimento em relação à educação infantil, também determinado pela LDB n.º 9.394/96, o movimento de instituição dos sistemas educacionais pelo país afora também se organizava. Então, no ano de 2001, no município de Petrópolis, atendendo ao preconizado pela referida lei, as creches, como instituições, são incorporadas à Secretaria de Educação, período no qual também foi instituído o Sistema Municipal de Educação. A LDB n.º 9.394/96, em seu Título IV – *Da Organização da Educação Nacional*, em seus artigos 9 e 11, definem o que segue no tocante à educação infantil:

> Art. 9º A União incumbir-se-á de:
>
> I - prestar assistência técnica e financeira aos Estados, ao Distrito Federal e aos Municípios para o desenvolvimento de seus sistemas de ensino e Lei nº13 o 9.394/1996 o atendimento prioritário à escolaridade obrigatória, exercendo sua função redistributiva e supletiva;
>
> II - estabelecer, em colaboração com os Estados, o Distrito Federal e os Municípios, competências e diretrizes para a educação infantil, o ensino fundamental e o ensino médio, que nortearão os currículos e seus conteúdos mínimos, de modo a assegurar formação básica comum;

---

[9] Cabe ressaltar que a Lei n.º 12.796, de 04 de abril de 2013, torna a matrícula na pré-escola obrigatória.

> Art. 11. Os Municípios incumbir-se-ão de:
>
> III - oferecer a educação infantil em creches e pré-escolas, e, com prioridade, o ensino fundamental, permitida a atuação em outros níveis de ensino somente quando estiverem atendidas plenamente as necessidades de sua área de competência e com recursos acima dos percentuais mínimos vinculados pela Constituição Federal à manutenção e desenvolvimento do ensino;

À letra da Lei, esse fato parece um movimento tranquilo, que deve "cumprir-se" para atender à nova realidade sócio-histórica. Porém, como educação é algo relativo a seres humanos e, por isso mesmo, um universo de tensões, a transição não se deu sem gerar muitos conflitos. Aqui tomo emprestadas as palavras de Drummond[10] no poema *Nosso tempo*: "Leis não bastam. Os lírios não nascem das leis".

Como já mencionado, no ano de 1999, as Secretarias de Educação (SME) e Programas Sociais (Sepros) já haviam iniciado ações conjuntas num movimento, ainda que de forma incipiente, de aproximação com as perspectivas legais.

Esse atendimento era fruto de movimentos sociais, iniciativas comunitárias incentivadas e apoiadas por instâncias públicas. Podemos considerar que as verbas públicas e as doações mantinham materialmente essas instituições, mas a organização comunitária mantinha as ações. Aos olhos de hoje algo inconcebível dados aos encaminhamentos legais. Entretanto isso é corroborado por Vasconcellos (2006, p. 117), quando diz que "diversos segmentos da sociedade, em muitos momentos de nossa história, discutiram propostas de políticas de assistência e educação à infância, cada um deles envolto nos valores presentes na sociedade de sua época".

No momento em que a Secretaria de Educação ocupou esse espaço, assumindo sua responsabilidade diante da legislação vigente, essas associações sentiram-se excluídas do processo. A própria Sepros parecia estar perdendo uma parte de si quando o conceito da educação infantil apresentou outras perspectivas. No momento da transição foi proposto entre as duas Secretarias um trabalho intitulado "Gestão compartilhada", para que a troca de experiências fosse a tônica daquele movimento.

Porém problemas político-administrativos imbricaram-se aos pedagógicos. Um primeiro motivo de grande tensão foi a designação de um

---

[10] Referência à poesia *Nosso tempo*, de Carlos Drummond de Andrade.

pedagogo,[11] professor concursado da Rede, para desenvolver o trabalho de coordenação dos espaços da creche. Nossa formação de professor, distante do trabalho comunitário tão próprio da assistência, dificultou a relação com as equipes das creches e com algumas comunidades. A experiência da outra Secretaria no trato com as comunidades precisou ser reinventada pela Educação.

Tais profissionais tinham a responsabilidade de iniciar a sistematização do trabalho pedagógico das instituições, atendendo às novas funções para a primeira etapa da educação básica, embora ainda não se tivesse muito claro que fazer seria esse. O novo quase sempre traz consigo o sentimento de estranheza, de incertezas. Aos poucos, as relações foram se concretizando naqueles espaços e, na medida do possível, as tensões entre as diferentes visões do trabalho a ser desenvolvido foram se acomodando.

Entretanto, ainda hoje é preciso discutir o caráter educacional proposto às instituições de educação infantil não prescindindo da assistência, mas com uma lógica diversa da até então difundida. A função indissociável de cuidar e educar prevista na LDB n.º 9.394/96 ainda carece de entendimentos de seus sentidos e significados uma vez que educação e assistência são conceitos que definem políticas e fazeres na primeira etapa da educação básica. Alguns questionamentos, tais como o que significa cuidar e educar ou até mesmo quem cuida e quem educa parecem assentar os caminhos percorridos na implementação das políticas voltadas para a educação formal de crianças de 0 a 5 anos.

É possível que aqui e em todo o processo encontremo-nos com a perspectiva de Freire (2019, p. 126) sobre "situações-limites" percebidas criticamente, buscando compreendê-las para que, enfrentando-as, encontremos soluções. "No momento em que a percepção crítica se instaura, na ação mesma, se desenvolve um clima de esperança e confiança que leva os homens a se empenharem na superação das situações-limites" (Freire, 2019, p. 126).

As referidas tensões deram-se em relação aos profissionais que já trabalhavam na instituição creche. A chegada do pedagogo com olhar profissional reafirmando princípios educativos à luz de pressupostos teóricos, buscando oportunizar outra dimensão ao trabalho já realizado, foi vista com estranheza por aquelas que já trabalhavam nos espaços que, na época,

---

[11] Esses profissionais eram do quadro de professores concursados da Secretaria de Educação, que passariam a exercer a função de coordenadores. Essa situação permaneceu até a publicação da Lei n.º 6.870, de 03 de agosto de 2011.

já eram funcionárias públicas concursadas como atendentes de creche,[12] sem nenhuma exigência em nível de formação para a função do magistério.

Com a incorporação das creches ao Sistema Municipal de Ensino, os profissionais também foram deslocados para a Secretaria de Educação e, mesmo que não se houvesse a intenção de descartar suas experiências profissionais, as incertezas, as disputas de lugar, ocuparam boa parte do período da transição. Não à toa, diante do cenário encontrado, vislumbrou-se um árduo trabalho para imbuir o cotidiano das crianças de intencionalidade pedagógica, tomando-se o cuidado também de não escolarizar[13] aqueles espaços. A definição desse limite é uma linha muito tênue, sendo preciso instaurar o diálogo constante diante da coexistência de diversas expectativas, garantindo as mudanças estruturais tão necessárias na época.

O deslocamento dos referidos profissionais para a Rede também foi e ainda é motivo de tensão. As atendentes de creche questionavam os motivos pelos quais não seriam admitidas no quadro de professores da Secretaria de Educação, recebendo também o bônus deste status. Equiparação salarial e jornada de trabalho menor sempre foram as principais reivindicações, porém somente a aprovação em um novo concurso poderia corrigir tal situação – pelo menos essa é a explicação administrativa recorrente.

À medida que conhecíamos o trabalho desenvolvido até então nas creches e tínhamos que propor novos encaminhamentos, o trabalho da educação reinventava-se. A experiência acumulada no interior das creches em tantos anos de trabalho alimentou as tentativas pedagógicas que aos poucos foram sendo introduzidas nas instituições.

Assim, tomou-se a formação como eixo de extrema relevância naquele contexto. Foi oferecida pela Secretaria de Educação, e em alguns momentos também pela UCP, formação para os vários profissionais que atuavam nas creches, bem como o estudo dos ordenamentos legais para a educação infantil de âmbito nacional.

Para os gestores, que tinham a função de coordenar as instituições, foi estruturado pela referida Universidade, em parceria com a Secretaria de Educação, um curso de Pós-Graduação *lato sensu* em Educação Infantil e também, semanalmente, havia reuniões com o grupo de coordenadores para

---

[12] Nomenclatura usada para definir a função dos funcionários que desenvolviam o trabalho nas creches.

[13] Essa questão será discutida um pouco mais ao longo do texto.

integrar e propor práticas tão específicas para as questões que emergiram nos espaços e também fora deles.

Para as atendentes de creche também foram propostos encontros de estudos e reflexão acerca da complexidade do trabalho a ser desenvolvido para além da prática assistencialista tão presente até o momento, configurando-se uma importante ruptura subsidiada pela nova concepção educacional da educação infantil, que enfatizava as funções indissociáveis de cuidar e educar.

Ainda quanto à oferta de formação, foi oferecida a esse grupo de profissionais – atendentes de creche – a oportunidade de cursarem a licenciatura em Pedagogia na UCP, mediante aprovação em vestibular da referida universidade, da mesma forma que era oferecido aos professores concursados sem habilitação em nível superior, situação que a LDB n.º 9.394/96 indicava como fator a ser corrigido. Esse movimento foi possível a partir da Lei do Fundo de Manutenção e Desenvolvimento do Ensino Fundamental e de Valorização do Magistério, n.º 9.424/1996, atualizada pela Lei n.º 11.494/2007, que define que, resguardadas as suas respectivas abrangências, a saber ensino fundamental e depois toda a educação básica, no mínimo 60% dos recursos do Fundo deveriam ser utilizados na remuneração dos profissionais do magistério em efetivo exercício na Rede pública de ensino, permitindo também a utilização de partes desses recursos na capacitação de professores leigos durante os cinco primeiros anos de vigência do fundo. Diante de todo o trabalho em relação à Educação Infantil que se organizava e avaliando a situação de seu quadro docente, o município de Petrópolis também ampliou a possibilidade de formação para as funcionárias das creches, como explicitado anteriormente.

Toda aquela movimentação objetivou reconfigurar o trabalho no que se constituía como a primeira etapa da educação básica, de forma mais contundente no que se referia às antigas creches do município de Petrópolis. Como já mencionado no texto, o programa de trabalho intitulou-se *Reconfigurando a educação infantil na rede*, com o objetivo de orientar as ações para enfrentar os desafios que se colocavam à qualidade do atendimento, com espaços e materiais inadequados, a maioria dos profissionais sem formação adequada ao trabalho educacional formal com crianças, falta de recursos, entre outros.

A constante reflexão em torno dos significados e entendimentos das funções do cuidar e educar ainda permanece. O que significa cuidar e o que significa educar? Existe verdadeira educação sem cuidado e vice-versa?

Reflexões ainda tão necessárias na busca pela identidade da educação infantil. Em busca desses sentidos, a responsabilidade da primeira etapa da educação básica e de seus profissionais é muito grande. Organizar o cotidiano das instituições de atendimento à primeira etapa da educação básica significa dialogar com todos os atores envolvidos, objetivando pleno desenvolvimento da criança de 0 a 5 anos.

Em todo o Brasil, ressaltada pela própria constituição histórica das instituições creches, o perfil do profissional não era visto como importante até pela desconsideração com que foi visto durante muito tempo o momento do desenvolvimento humano que compreende as infâncias. Todavia é consenso entre pesquisadores da área que um dos fatores mais impactantes na qualidade e na garantia da efetivação do direito à educação ofertada é justamente o profissional docente.

Se retrocedermos na história da educação infantil, encontraremos o que era chamado de "mãe crecheira", "creche lar", o que ilustra a concepção de uma determinada época: ter alguém na comunidade para tomar conta dos filhos de outras mulheres enquanto elas saíam para o trabalho. O movimento de luta por creches foi primeiramente um movimento de luta pelos direitos das mulheres, sendo depois alterado o olhar também em direção às perspectivas das infâncias.

Continuando o relato acerca do que foi encontrado nas creches quanto à formação dos profissionais que ali estavam, constatamos as mais diversas, que variavam desde o ensino fundamental incompleto até graduação em diferentes áreas.

A condição de atendentes de creche, que após uma revisão regimental aprovada pelo Decreto Municipal n.º 431/195, art. 2º,V c/c 3º, XVIII, Resolução n.º 01, de 02 de janeiro de 2007, passou a ser nomeada como agente de apoio à educação infantil e, em 2011, educador de educação infantil,[14] causava e ainda causa conflitos no sentido de esses profissionais entenderem que se desempenham "trabalhos pedagógicos" com as crianças, deveriam ser reconhecidos como professores e terem seus salários e carga horária equiparados, situação bastante complicada administrativamente por questões relativas ao concurso que tais profissionais prestaram, como já dito anteriormente.

Essa situação leva-nos a refletir sobre a questão da formação inicial do professor da educação básica. No Brasil, essa discussão tem muitas

---

[14] A partir desse momento esse será o termo para designar esse profissional.

nuances e contornos ao longo do tempo, porém, com a LDB n.º 9.394/96, ganha mais concretude inicialmente quando ela define a formação em nível superior como exigência para a atuação no magistério, o que não impediu novo recuo posteriormente, quando a alteração proposta pela Lei n.º 12.014 de 2019 admite a formação em nível médio modalidade Normal para professores da educação infantil e anos iniciais do ensino fundamental. Ainda que tenha havido alteração no nível de formação exigido inicialmente pela LDB n.º 9.394/96, não houve mudança na obrigatoriedade da formação de professores para a primeira etapa da educação básica e o primeiro segmento do ensino fundamental.

Essa reflexão é importante, pois no contexto deste estudo, como será possível observar, tal questão ganha relevo quando encontramos profissionais no atendimento de crianças de 0 a 3 anos de idade que não têm a formação mínima exigida o que, interfere diretamente nas questões que o estudo se propôs.

Em uma busca nos editais de concurso ocorridos ao longo desses anos constatei que em 2005,[15] para o cargo de agente de apoio à educação infantil, a escolaridade exigida era ensino médio completo, sem exigência da habilitação para o magistério; e no edital do ano de 2011[16] para o cargo de educador de educação infantil, nomenclatura que substituiu a anterior, seguiu a mesma especificação. Ressalto que não houve concurso para o cargo de educador de educação infantil após esse período, sendo a carência de profissionais preenchida mediante contratos temporários, o que se configura como uma situação também complexa tendo em vista a continuidade do trabalho, que nem sempre pode ser garantida.

Houve e ainda há resistência no sentido de entendimento e atuação pedagógica desses profissionais, pois se não são professores, não se sentem na obrigação de tais atribuições. Romper com esse discurso não vem sendo fácil, porém, diante dos impasses, somos obrigados a buscar novos caminhos, novas propostas. Será o tão inevitável conhecimento limitado das coisas complexas? (Cilliers, 2003).

Com o intuito de aproximar o trabalho desenvolvido nos CEIs aos pressupostos previstos nos ordenamentos legais, no ano de 2008 foi designado para cada instituição um professor regente para compor o trabalho de planejamento, avaliação e organização do cotidiano das crianças nas insti-

---

[15] Diário Oficial n.º 2.404, de 28/11/2005.

[16] Diário Oficial n.º 3.878, de 10/12/2011.

tuições. Mas sua atuação, assim como todas as propostas já apresentadas, também causou estranheza e distorções nos fazeres.

Mais conflitos e tensões configuraram-se com tal proposta. O que a princípio representava uma possibilidade de apoio e complemento ao trabalho já realizado nas instituições, passou a ser, em muitas situações, motivo de disputas, considerando que as condições de trabalho das duas categorias de profissionais eram – e assim permanecem – diferentes no tocante à jornada e à remuneração.

Essa discussão ainda permanece, como destacado no início do texto, é preciso manter a vigilância e ressaltar a todo o momento o processo de conquista do direito à educação infantil estabelecido na Constituição Federal, reafirmando o papel que essa etapa educacional representa e lutando para consolidá-la como tal.

No momento da incorporação das creches ao sistema de ensino do município de Petrópolis, era 27 o número de instituições que atendiam crianças de 0 a 5 anos de idade em período integral, cada uma com diferentes características de construção e organização. Hoje esse total já ultrapassa o número de 70 entre públicas e também conveniadas.

Pode-se considerar que a expansão da oferta da educação infantil em tempo integral deveu-se à pressão da sociedade que, a partir do repertório de conhecimentos que destacaram a importância da faixa etária para a vida da criança, passou a demandar mais espaços de atendimento, assim como outros motivos, como a necessidade das famílias por equipamentos que compartilhassem com elas os cuidados com seus filhos. Todavia a expansão da oferta não pode estar desvinculada da garantia de um ambiente de qualidade promotor de uma educação integral e humanizada às crianças pequenas.

Na continuidade da apresentação dos movimentos de integração das creches ao Sistema Municipal de Ensino, em 2010, a estrutura organizacional da Secretaria de Educação foi modificada, sendo criadas as Subsecretarias de Educação Infantil, do Ensino Fundamental e de Finanças e Captação de Recursos, pela Lei n.º 6.807, de 27 dé dezembro de 2010, publicada no Diário Oficial de 28 de dezembro de 2010.

Pode-se considerar que a criação da Subsecretaria de Educação Infantil foi um importante passo na legitimação e no fortalecimento da identidade dessa etapa da educação básica na Rede, uma vez que possibilitou e fortaleceu frentes de trabalho mais específicas para a etapa. Entretanto a criação de cargos públicos quase nunca se mantém com os propósitos iniciais, sendo utilizados para as composições políticas partidárias, que levam aos descaminhos do pretendido inicialmente, trazendo para o contexto concepções e discursos questionáveis. Tempos depois, o organograma da Secretaria de Educação passa por outra reformulação e as subsecretarias voltaram a ser configuradas como departamentos.[17]

No decorrer desses vinte anos que se passaram desde a integração das antigas creches ao Sistema Municipal de Ensino, muitos passos já foram dados, embora, por vezes, possa parecer que de forma muito lenta, considerando a urgência que a educação infantil demanda. E ainda é possível afirmar que nos últimos anos são visíveis os retrocessos no entendimento dos propósitos educacionais preconizados na década de 90. Nas palavras de Rosemberg (2014, p. 169), "a reflexão sobre a história recente das políticas públicas para a Educação Infantil brasileira é necessário, antes de tudo, não perder de vista que, se há muito o que conquistar, muito já foi conquistado".

A mesma autora (2003) fez do mito de Sísifo uma metáfora para as políticas de educação infantil no Brasil: apesar das forças que conseguiram avanços importantes, forças contrárias fazem com que a pesada pedra dê indícios de rolar reiteradamente "morro abaixo", por concepções e discursos dissonantes, de forças comprometidas com interesses outros que não os das crianças.

A constante discussão sobre os fazeres docentes na primeira etapa da educação básica pode ser considerada uma das forças que faz rolar a pedra para baixo. Embora a LDB n.º 9.394/96 tenha instituído há 25 anos a formação necessária para o professor da educação básica, qual seja, nível superior em cursos de licenciatura, e a Lei n.º 12.796, de 04 de abril de 2013, tenha permitido o ensino médio, mas na modalidade Normal, a concepção em relevo é que é primordial a formação inicial de professor. Entretanto o tratamento diferenciado atribuído aos diferentes profissionais que atuam nos CEIs pode comprometer a qualidade tão almejada já que acaba por descaracterizar a função docente.

O debate acerca dos fazeres da educação infantil focados nas deliberações da LDB n.º 9.394/96 que definiu como função da primeira etapa da educação básica o cuidar e o educar, bem como os princípios norteadores das propostas pedagógicas instituídos pelas Diretrizes Curriculares Nacionais para a Educação Infantil,[18] as interações e a brincadeira, traz para o centro

---

[17] Lei n.º 7.510 de 11/04/2017, publicada no Diário Oficial de 12/04/2017.

[18] Resolução CNE/CEB n.º 5, de 17 de dezembro de 2009.

das discussões a profissionalização docente para o trabalho com crianças de 0 a 5 anos de idade. "Outros sujeitos, outras pedagogias", como indica Arroyo (2012, p. 10).

Mas, como falar de profissionalização docente, considerando o perfil apresentado até aqui?

Os termos trabalho e profissão, bem como suas acepções, parecem fazer bastante sentido de serem aqui problematizados, pois a partir da constituição das instituições de educação infantil segundo seus recursos humanos, pensar a profissionalidade desses profissionais pode também colaborar com a identidade dessa etapa educacional. Porém a profissionalidade requer a profissionalização. A formação inicial garante a profissionalização docente, mas pelas características do cenário da educação infantil na faixa etária de 0 a 3 anos no município de Petrópolis, o fazer docente pode mais se caracterizar como fonte de renda do que como profissão, pois se atuar com essa faixa etária não se constitui como exigência ter a formação de professor.

O cenário já muda quando observamos a estrutura e o funcionamento do atendimento da faixa etária de 4 e 5 anos de idade, correspondente à pré-escola, que, com a Lei n.º 12.796, de 04 de abril de 2013, passa a ser considerada escolaridade obrigatória. O termo escolaridade salta aos olhos daqueles incumbidos de executar o disposto na legislação como sinônimo de escolarização, e por isso sua dinamização precisa ser feita por professor.

Pode-se também constatar que esse entendimento em relação à escolarização vem corroborando para a pedra rolar mais para baixo, uma vez que o prefixo "pré" vem sendo desconsiderado quando as turmas de pré-escola estão sendo deslocadas dos espaços exclusivos de atendimento de educação infantil em tempo integral (CEIs) para as escolas de ensino fundamental, provocando uma ruptura na identidade como a primeira etapa da educação básica, fragmentando ainda mais o atendimento quando separa a faixa etária de creche e pré-escola.

Vale ressaltar que no município de Petrópolis, o atendimento da educação infantil sempre se deu em três frentes, a saber: CEIs, como o atendimento em período integral de creche e pré-escola; Emeis, com atendimento específico de pré-escola, atendendo em alguns momentos crianças de 3 anos em tempo parcial; e as turmas de pré-escola nas escolas de ensino fundamental, também em tempo parcial.

Está em risco o cuidar e o educar como funções indissociáveis da educação infantil e, consequentemente, o retrocesso nas concepções dos fazeres da faixa etária atendida na creche como aqueles de caráter do cuidado e os da faixa etária da pré-escola como a preparação para a escola. Aí cabem também as reflexões sobre a identidade dos espaços, dos equipamentos, dos materiais e as interações coetâneas.

Como muito bem expôs Sonia Kramer em uma entrevista em maio de 2008 às professoras Márcia Buss Simão e Moema Kiehn, pesquisadoras do Núcleo de Estudos e Pesquisas da Educação na Pequena Infância (Nupein) da Universidade Federal de Santa Catarina (UFSC), a polêmica entre a escolarização e a não escolarização no âmbito da educação infantil constitui-se como uma falsa polêmica, pois considera que uma escolarização adequada tem compromisso com o conhecimento no sentido da cultura, mas também com as crianças. E ela ressaltou, ainda, que se faz necessário pensar o que é uma escolarização adequada mesmo no ensino fundamental.

Diante disso, considero que a polêmica destacada pela pesquisadora vem do fato de as nossas escolas historicamente se caracterizarem mais como transmissoras de conteúdos do que como espaço de socialização das práticas culturais de forma ampla. Isso posto, o desafio maior deve ser planejar e desenvolver um trabalho bem fundamentado, garantindo o desenvolvimento de todas as dimensões humanas dos sujeitos, respeitadas as características de cada etapa. A citação a seguir colabora com as reflexões sobre a necessidade de se constituir outras posturas educacionais

> Nessa perspectiva, é oportuno e necessário considerar as dimensões do educar e do cuidar, em sua inseparabilidade, buscando recuperar, para a função social da Educação Básica, a sua centralidade, que é o estudante. Cuidar e educar iniciam-se na Educação Infantil, ações destinadas a crianças a partir de zero ano, que devem ser estendidas ao Ensino Fundamental, Médio e posteriores.

> Cuidar e educar significa compreender que o direito à educação parte do princípio da formação da pessoa em sua essência humana. Trata-se de considerar o cuidado no sentido profundo do que seja acolhimento de todos – crianças, adolescentes, jovens e adultos – com respeito e, com atenção adequada, de estudantes com deficiência, jovens e adultos defasados na relação idade-escolaridade, indígenas, afrodescendentes, quilombolas e povos do campo.

> Educar exige cuidado; cuidar é educar, envolvendo acolher, ouvir, encorajar, apoiar, no sentido de desenvolver o apren-

> dizado de pensar e agir, cuidar de si, do outro, da escola, da natureza, da água, do Planeta. Educar é, enfim, enfrentar o desafio de lidar com gente, isto é, com criaturas tão imprevisíveis e diferentes quanto semelhantes, ao longo de uma existência inscrita na teia das relações humanas, neste mundo complexo. Educar com cuidado significa aprender a amar sem dependência, desenvolver a sensibilidade humana na relação de cada um consigo, com o outro e com tudo o que existe, com zelo, ante uma situação que requer cautela em busca da formação humana plena (Brasil, 2010, p. 19).

Assim, não se trata somente de argumentar se a educação infantil é ou não é escola, uma vez que, como observa a autora na entrevista, se tem professor, aluno, instituição educacional, é uma escola. O que precisa ser observado atentamente são os encaminhamentos dos fazeres para que eles não sigam o modelo do ensino conteudista tão presente nas demais etapas educacionais.

A Emenda Constitucional n.º 59, do ano de 2009, alterou a LDB n.º 9.394/96 quanto à compreensão de educação básica obrigatória, passando a incluir como obrigatória a matrícula na pré-escola, o que, até então, configurava-se como dever do Estado em ofertar, mas era opcional à família matricular. Como apoio às reflexões, cito o autor Lessard (2016), para quem os encaminhamentos dados às legislações dependerão da interpretação daqueles que a implementarão. E essa interpretação é muitas vezes guiada pelo discurso do momento e no período em que vivemos, percebemos a tendência de mais uma vez parecer recair sobre a pré-escola a ideia de salvação da escola, antecipando conteúdos que poderão garantir maior êxito na aprendizagem posteriormente, desconsiderando a luta de garantir a educação infantil com função em si mesma.

Pode-se perceber que o atual contexto gira em torno de concepções que, pelo menos pelos dispositivos legais, pareciam ter sido rompidas com a LDB n.º 9.394/96 que, em consonância com a Constituição de 1988 e o ECA de 1990, fundamentaram a criança como sujeito de direitos e sua educação como um direito inalienável. O modelo social que inspirou nossa Carta Magna ansiava por uma educação transformadora para o exercício da cidadania.

Entretanto, hoje os ventos são outros, sopram no sentido da conservação e da conformação das ideias, dos corpos, de cada um no seu lugar, concepções totalmente contrárias ao instituído nas Diretrizes Curriculares

Nacionais para a Educação Infantil (DCNEIs) e que desconsideram esforços históricos.

São urgentes novos movimentos em prol da educação infantil como primeira etapa da educação básica para não corrermos o risco de vermos que, a despeito de todo o repertório de conhecimento acerca da temática, o que poderia ser educação de primeira linha seja relegada a representar somente a "infância de papel"[19] (Füllgraf, 2001, p. 5).

Retomando as reflexões sobre o professor, sua formação inicial e continuada e a possível relação com os termos trabalho e profissão, cito a urgência de colocar o processo formativo dos professores das infâncias no centro do debate.

No cenário municipal, é possível afirmar que a questão da formação dos profissionais dos CEIs sempre foi um aspecto olhado com bastante atenção, considerando o cenário já explicitado e o quadro que o compõe. Por isso desde o início da transição havia intenções, ainda que embrionárias, de instituir momentos de estudos coletivos nos CEIs, que tomavam a instituição como lócus da formação, inspirados pelas concepções de formação continuada. Essa bandeira foi mais uma levantada, mas no início dessa longa caminhada esse aspecto sequer era considerado, pois o que sempre vigorou foi a ideia de que a instituição não podia deixar de atender às necessidades das famílias de terem um lugar para deixar seus filhos enquanto trabalhavam. Assim, não ter atendimento estava fora de cogitação.

Alterar valores e concepções e mudar práticas implica, inevitavelmente, enfrentar conflitos que se originam a partir de valores, interesses e visões de mundo. Porém é preciso olhar para o conflito na perspectiva freireana, na qual ele é fundamental para o exercício do diálogo.

A despeito dessa realidade, a Secretaria de Educação da época, após a incorporação das creches ao sistema de ensino, autorizou que uma vez por mês, duas horas poderiam ser disponibilizadas para os momentos de estudos denominados Grupos de Estudos (GE). Assim, definiu-se o dia em que o atendimento das crianças seria encerrado às 15h. A experiência foi um fracasso, pois como não fazia parte da história dessas instituições, mesmo com as explicações devidas, muitas famílias não buscaram as crianças no horário combinado, o que impossibilitou que os encontros acontecessem como planejado. Além das situações relatadas por alguns coordenadores, na

---

[19] Em sua dissertação de mestrado, a autora utiliza a expressão para discutir as tantas reformas educacionais para a faixa etária da educação infantil nos anos 90.

Secretaria de Educação recebíamos inúmeras reclamações das famílias e até mesmo representantes das comunidades sobre o não cumprimento do horário, já que as funcionárias permaneciam nas instituições. Apesar da experiência fracassada, insistimos mais uma vez, ocorrendo o mesmo desfecho.

Foi considerada, então, a possibilidade de invertermos a organização, orientando que no dia dos encontros o atendimento às crianças iniciar-se-ia um pouco mais tarde do horário habitual, o que também não foi respeitado por algumas famílias que, no horário habitual de entrada, chegavam com as crianças, alegando que não tinham com quem deixá-las.

Constituir uma prática nova, sobre a qual não há experiência acumulada, leva-nos a caminhos incertos que, ao invés de nos paralisar, devemos entender como situações-limites propostas por Freire (2019), ou seja, como a capacidade de nos superarmos quando nos lançamos no fértil e infinito mundo das possibilidades. Guiados pelos ensinamentos de Freire (1996), hoje podemos voltar àqueles momentos para refletir sobre o pensar crítico em contraponto ao pensar ingênuo, que não nos permite reproduzir concepções fatalistas, mas buscar conceber as possibilidades.

Nessa lógica, seguimos com as tentativas de organização dos encontros para estudos nos CEIs que, aos poucos, mesmo levando algum tempo, foi sendo compreendido como algo que beneficiaria o trabalho a ser realizado com as crianças. A intenção era constituir os encontros de estudos como algo necessário e contínuo, inerente ao trabalho educativo, e não uma prática eventual e esporádica. É possível dizer que essa etapa foi vencida quando as famílias passaram a receber no início do ano o planejamento das datas mensais nas quais não haveria atendimento às crianças e não houve mais questionamentos, pelo menos institucionalmente, acerca da relevância das reuniões. A fala de uma orientadora que participou desse momento destaca sua importância.

> Com relação às formações, a conquista por um espaço em que as questões pudessem ser discutidas, estudadas, dialogadas, foi se construindo junto à equipe da secretaria de educação, que naquela época, e aos poucos, conquistou bravamente esse lugar para os Centros de Educação Infantil e EMEIs (Trecho extraído de uma carta).

Mas outras questões colocavam-se à nossa frente. Garantir o estudo como fazer principal desse dia e não a arrumação, os preparativos de festas ou até mesmo uma reunião exclusivamente administrativa. Como o cotidiano das instituições educacionais é atropelado por urgências e necessidades diárias, corria-se o risco de ver o tão almejado espaço/tempo de estudo perder-se de seu propósito.

O trabalho dos coordenadores era acompanhado bem de perto, possibilitando trocas de experiências e angústias, além de relatos de situações positivas que emergiram nas diferentes instituições. O grupo foi se fortalecendo na partilha, na cumplicidade e no reconhecimento de que tínhamos nas utopias, nos projetos e nos problemas comuns. Em nossos encontros discutíamos sobre documentos legais, aspectos que poderiam ser abordados nos estudos com os grupos nas instituições, materiais que poderiam ser utilizados, estratégias para as abordagens dos estudos, enfim, trabalhávamos sobre o quê, como e por que fazer o que pretendíamos, que era fortalecer a identidade educacional da educação infantil, principalmente nos CEIs que historicamente tinham a marca da assistência. Assim, corresponsabilizávamo-nos com o projeto que abraçamos.

Como os coordenadores tinham a responsabilidade de todas as questões administrativas, bem como o relacionamento com as famílias, que, como característica da faixa etária, é sempre tão intenso, organizar o fazer pedagógico não se configurava como prioridade, até porque essa questão também era muito sensível nas instituições devido ao cenário já apresentado em relação às atribuições dos profissionais que, em sua maioria, não eram professores.

Era bastante comum a reivindicação de alguns coordenadores para a formação dos chamados educadores acontecer em espaços externos, até para valorização deles no sentido de promoção de reconhecimento. Por exemplo, eles propunham a organização de cursos e palestras pela Secretaria de Educação. Tais iniciativas também eram organizadas, entretanto insistimos na proposição de valorizar os CEIs como lócus da formação continuada, buscando o desenvolvimento profissional a partir de seu cotidiano.

Uma frase muito marcante de Madalena Freire no Seminário de Educação Infantil ocorrido em 09 de junho de 2011 na Escola Santo Antônio, hoje Escola Padre Quinha, no Vale do Cuiabá, ajuda a ressaltar essa questão das palestras e oficinas como formação. Disse ela: *Evento é vento, o vento leva*. Sem negar sua importância, preferimos pensar na formação continuada com foco nas particularidades de cada cotidiano como algo mais significativo para a práxis do que eventos pontuais, por considerarmos que há questões no dia a dia da prática pedagógica que exigem um posicionamento do professor e o conhecimento produzido na própria escola, com base não só nas interações com os pares, mas também pela oportunidade de olhar e de intervir em seu lócus de atuação, num processo de reflexão-ação-reflexão.

A cada ano, os GEs fortaleciam-se no propósito de formação e foram um espaço/tempo profícuo para as discussões sistemáticas sobre o brincar, a cultura escrita, a organização do espaço e tantas outras dimensões afeitas aos fazeres da educação infantil.

Da iniciativa tímida de meados dos anos 2000 percorremos um longo caminho até vermos o GE, no ano de 2011, ser oficialmente instituídos nos calendários letivos dos CEIs, publicados anualmente no diário oficial da cidade. Pacientemente, fomos consolidando a ideia do estudo, da formação, do encontro nessas instituições, que por muito tempo representavam apenas um lugar para as crianças ficarem enquanto os responsáveis trabalhavam. À época talvez não soubéssemos, mas, hoje, apoiadas no que nos ensina Paulo Freire (2000), é possível entender que vivíamos a paciência/impaciência na inquietação esperançosa diante da realidade. Paciência como o tempo de espera que se opõe à passividade, sendo expectativa enquanto se espera e prepara para a etapa da libertação.

Contudo, aos poucos foi se percebendo que o coordenador estava cada vez mais envolvido com as demandas burocráticas, e como não tinha um auxiliar, o excesso de ações burocráticas tomava muito de seu tempo, o que não coaduna com a prática da formação. Por isso a discussão em relação à importância de um orientador escolar[20] para compor a equipe gestora dos CEIs começou a ganhar espaço.

No final da primeira década dos anos 2000, inicia-se, na Secretaria de Educação, a discussão do chamado "documento de porte", publicando a Lei n.º 6.744, de 19 de abril de 2010, que estabelece o número de funcionários para cada unidade escolar. Mais uma vez, a situação dos CEIs, com suas características muito peculiares, precisou ser lembrada e defendida, uma vez que a lógica para encaminhar diferentes profissionais para as instituições considerava apenas o número de alunos. Isso posto, por serem os CEIs instituições de pequeno porte, não seriam contemplados com orientadoras escolares.

O argumento de que o fazer pedagógico tem características muito próprias, reforçado pelo fato de os profissionais dos CEIs terem pouca ou nenhuma formação docente para o exercício do trabalho, pode ter sido levado

---

[20] Nomenclatura dada ao profissional no município de Petrópolis a partir da Lei n.º 6.774 de 19 de abril de 2010.

em consideração, e foi reconsiderado o atrelamento da designação de OE ao número de alunos das instituições, definindo, no referido documento, que ele seria designado como itinerante de 10 horas para unidades escolares com até 200 alunos.

Embora, a partir de então, já haver a previsão legal do OE também para a equipe gestora dos CEIs, sua chegada não se deu de imediato, sendo a questão também discutida e pleiteada pelo Conselho Municipal de Educação (Comed) que, na Resolução n.º 001 do ano de 2012,[21] definiu que a equipe gestora de instituições de educação infantil do Sistema Municipal de Ensino seria composta por diretor e orientador escolar. Anteriormente à Resolução citada, outra Resolução Municipal, a n.º 03, de 2000, em seu capítulo IV, art. 12, estabeleceu que, além do diretor, o estabelecimento de educação infantil de regime parcial poderia manter um OE devidamente habilitado. O enfoque no regime parcial de atendimento reforçava a distinção já tão visível entre escolas e CEIs.

O Plano de Cargos, Carreira e Salários (PCCS), Lei n.º 6.870, de 03 de agosto de 2011,[22] documento que sofreu algumas alterações em 2017, compreende o OE como aquele profissional que tem a função de dar suporte pedagógico à docência nas áreas de planejamento, acompanhando o processo de ensino/aprendizagem, definindo como atribuições do cargo:

- Coordenar e participar da elaboração do Projeto Político Pedagógico da escola.

- Compor a equipe gestora da escola e atuar, participativamente, na coordenação do trabalho pedagógico e educacional.

- Promover reuniões e atividades que visem ao desenvolvimento e ao aperfeiçoamento dos docentes, fortalecendo a escola como lócus da formação continuada.

- Planejar e desenvolver projetos de atendimento e de acompanhamento escolar dos alunos, contribuindo para que a escola cumpra sua função de socialização e construção do conhecimento.

- Acompanhar a execução do plano de trabalho dos docentes.

---

[21] Resolução publicada no Diário Oficial de 01 dez. 2012.

[22] Lei publicada no Diário Oficial de 04 ago. 2011.

- Orientar a elaboração e a implementação de estratégias de recuperação dos alunos de menor rendimento.

- Promover, de acordo com as normas regimentais, o processo de classificação e reclassificação de aluno.

- Participar da organização das turmas e do horário escolar.

- Coordenar e avaliar a implementação de projetos educacionais.

- Apresentar levantamentos e registro de informações sobre os perfis dos educandos e sobre o processo avaliativo do desempenho escolar.

- Fomentar a pesquisa de novas metodologias e de enriquecimento escolar curricular.

- Coordenar, junto à direção escolar, as atividades de planejamento, execução e avaliação dos Conselhos de Classe.

- Mediar conflitos e propor ações que aperfeiçoem o relacionamento interpessoal dos membros da comunidade escolar.

- Zelar pelos bens públicos sob sua responsabilidade.

- Avaliar seu desempenho profissional buscando formas de aperfeiçoamento permanente.

Como é possível perceber, a formação continuada está explícita nas atribuições desse profissional, mas não basta estar expresso em documentos, é preciso fortalecer sua identidade como formador de uma equipe. Sua relevância na equipe gestora dos CEIs é imensurável diante da imensa responsabilidade do trabalho com a educação infantil fortalecido pelo fato da já apontada pouca ou nenhuma formação na área educacional de parte do corpo de profissionais que atuam nessas instituições.

Nessa trama que caracterizou a contextualização do estudo, o OE configura-se como um dos fios na condução da pesquisa, com foco especial ao item 3 das referidas atribuições, sendo esse o tecido que será costurado uma vez que ressalta a formação continuada em serviço como função desse profissional, e a escola – no nosso campo de estudo, os CEIs – como lócus dessa formação.

Como pode ser percebido, muito do que foi proposto e realizado configurou-se, em seus diferentes momentos, ações originais, alinhavadas no corpo dos CEIs, considerando seus contornos e peculiaridades. Esse movimento impele-nos a olhar mais de perto essas experiências, objetivando observar o que foi alinhavado na provisoriedade da costura, de modo a podermos reforçar os pontos.

Como apresentado na introdução, o movimento da pesquisa precisou ser repensado com a obrigatoriedade do distanciamento social e o fechamento das instituições educacionais. Por isso a produção dos dados do estudo foi feita a partir das narrativas das memórias das primeiras OEs de CEIs. Essas narrativas possibilitaram-nos conhecer um pouco de suas experiências com o trabalho desenvolvido nessas instituições. Para tanto, julgou-se importante, antes de apresentar as memórias das participantes em relação à sua constituição como orientadora escolar, traçar um pouco o panorama dessa função no delineamento da história, pois muito do que ainda hoje é discutido foi observado ao longo dos anos.

II.II OS SUJEITOS DA PESQUISA

Considerando os OEs dos CEIs como um dos fios que alinhavam o corpo de seu cotidiano e ressaltando que para além do disposto na Lei n.º 6.870/2011 sobre as atribuições, este estudo apoiou-se nas definições de Placco (1998, 2003, 2008, 2012, 2015, 2017) para delinear um perfil de orientador escolar, que a autora define como coordenador pedagógico, como o profissional que pode articular, formar e transformar o cenário educacional nas instituições, destacando-as como valioso lócus de construção de saberes essenciais para a formação continuada de professores em seu próprio contexto de atuação.

Tal concepção dialoga com os estudos de Antonio Nóvoa (1992), Regina Leite Garcia e Nilda Alves (1986) e suas discussões em torno do professor-pesquisador, possibilitando a construção de compreensões outras acerca das experiências vividas no cotidiano das instituições, procurando dialogar com e a partir da escola, e não somente falar sobre escola, prática tão comum em pesquisa em educação durante muito tempo (Alves, 2001). Com Cilliers (2003) e sua abordagem sobre a complexidade podemos pensar que a complexidade do cotidiano provoca o processo de formação continuada a partir de seus contextos.

Porém foi o movimento de buscar a trajetória dessa função no cenário educacional brasileiro que considero mais relevante para as proposições colocadas pelo o estudo, uma vez que se parte do entendimento de que, como dito anteriormente, nos CEIs essa função ainda está buscando sua identidade, redefinindo o seu papel institucional, mexendo com a rigidez protocolar do determinismo das atribuições predefinidas. O que pode parecer simples vai se revelando extremamente complexo, exigindo de todos mudanças nos olhares, nos fazeres, nos entendimentos.

Com o intuito de elucidarmos mais esse perfil do OE como o profissional capaz de transformar os cotidianos educacionais, o movimento de buscar a trajetória dessa função no cenário educacional brasileiro levou-me a Regina Leite Garcia, que, nos idos dos anos 80, discutia o papel dos chamados "especialistas", orientadores, supervisores e administradores, bem como a necessidade de que cada escola pudesse contar com tais profissionais na busca de uma escola de qualidade para todos e não, nas palavras da autora, apenas para os privilegiados de sempre.

Esse posicionamento encaixa-se perfeitamente hoje, quando falamos das lutas da primeira etapa da educação básica, sobretudo quando se trata de atendimento em tempo integral, que remete o pensamento social às antigas creches, como já mencionado, e deparamo-nos com os questionamentos sobre os sentidos dessas instituições na vida das crianças.

Se o cenário é outro, muda o que os diferentes sujeitos que o compõem devem fazer, alterando a rota. A menos que queiramos fazer mais do mesmo, não se pode permanecer o mesmo diante dos contextos modificados – para "outros sujeitos, outras pedagogias" (Arroyo, 2012, p. 10).

Nessa forma de pensar delineia-se o importante papel do OE no espaço/tempo da formação continuada de todos os envolvidos no processo educacional das infâncias, no sentido de problematizar esse novo contexto, buscando romper as fronteiras do historicamente colocado para o atendimento às crianças de 0 a 5 anos de idade, como também para a formação dos professores.

No entanto, assim como a trajetória do atendimento às crianças pequenas no nosso país deixou marcas que ainda dificultam a escrita de outra história, a trajetória da orientação educacional no Brasil continua a lançar olhares para ações cujos propósitos já se perderam no tempo. É uma história em construção.

Garcia (1986) mostra-nos que a orientação educacional começa no Brasil vinculada à questão do trabalho, quando Lourenço Filho, em 1931, diretor do Departamento de Educação em São Paulo, torna oficial o Serviço Público de Orientação Educacional e Profissional, responsabilizando o orientador educacional pela preparação para o trabalho, cabendo-lhe selecionar, orientar e encaminhar aqueles que pretendiam ingressar em cursos universitários e aqueles que precisavam profissionalizar-se. Essa condição do tema trabalho nas práticas dos orientadores foi recorrente por décadas nos dispositivos legais para a educação brasileira, entendimento que foi sendo deslocado até chegarmos ao anúncio de novos propósitos para a função, que significa o de compreender e contribuir com o fazer pedagógico, de modo a atingir indiretamente a ponta da lança, representada aqui pelas crianças e suas aprendizagens.

Mesmo que a este estudo não tenha interessado recuperar a história da orientação educacional, conhecer esse deslocamento do olhar sobre a função contribuiu para a defesa que se pretendia fazer, qual seja, que esse profissional deve engajar-se na formação de todos os envolvidos no processo educacional de crianças pequenas – profissionais, família e comunidade –, fazendo ressoar as funções da educação infantil.

Os registros dos encontros do Congresso Brasileiro de Orientadores Educacionais datados desde a década de 70, apontados no texto de Garcia (1986), apresentam as temáticas abordadas que representam os fios com os quais foram sendo tecidos os fazeres do orientador educacional até a definição de um viés mais progressista, que atribui a ele a análise crítica da escola e seu papel social como espaço específico de ação política.

Mesmo sem a ilusão de conceber a escola por si só como espaço de transformação social, é possível pensá-la e também a atuação do OE na construção de Projetos Políticos Pedagógicos (PPP) que visem à participação crítica de todos nas condições (im)postas pela sociedade.

Diante das considerações, prossigo com argumentos que objetivam apresentar pontos para a discussão com a finalidade de levar o leitor à percepção da importância da presença do profissional OE em todas as escolas de educação básica do país, construindo o entendimento sobre a contribuição para a formação continuada em serviço dos profissionais da educação.

Nos diferentes contextos, esse profissional, quando existente, recebe denominações variadas e suas funções também são distintas, o que pode fortalecer a descaracterização de seu fazer profissional. O próprio conceito pedagogo é atribuído historicamente a funções diversas. Até a promulgação da LDB n.º 9.394/96, o curso de Pedagogia formava profissionais para o exercício de funções ligadas à gestão educacional: administradores escolares, orientadores educacionais e supervisores de ensino. A partir da referida legislação, o curso de Pedagogia passou a formar o pedagogo, porém para o exercício da docência na educação infantil e anos iniciais do ensino fundamental e as demais funções supracitadas, ocorrem obrigatoriamente em nível de pós-graduação *lato sensu*. Porém, nos últimos anos, com as novas Diretrizes Curriculares para a formação dos professores (Resolução CNE/CP n.º 2, de 20 de dezembro de 2019), essa formação já é incluída novamente no âmbito da graduação.

Embora atrelada às políticas educacionais vigentes nos diferentes momentos históricos, essa função no cotidiano das instituições mostra-se bastante relevante quando levamos em conta o dinamismo do ambiente escolar e o quanto olhares e fazeres distintos, porém complementares, podem enriquecê-lo. Esse dinamismo também contribui para as transições nos entendimentos que justificam a presença do OE nas instituições.

O delineamento deste estudo pode muito bem servir como exemplo do citado, uma vez que estudar e conhecer a função dos OEs em CEIs só se justifica com base na configuração institucional da educação infantil como primeira etapa da educação básica. Há 25 anos essa discussão não parecia necessária diante das circunstâncias daquele momento. Atualmente, percebe-se a necessidade de reorientação das ações desenvolvidas por esse profissional e seus campos de atuação em diálogo com as especificidades das demandas do contexto de sua atuação.

Não à toa, uma de suas atribuições é possibilitar a elaboração do PPP, incorporando aí uma visão clara do caráter político de sua atuação no sentido de ultrapassar os limites físicos da instituição escolar, buscando interlocução contínua com a comunidade que, no tocante à educação das crianças de 0 a 5 anos de idade, deve ser uma ampla rede articulada em prol da defesa e da consolidação de seus direitos.

Se historicamente as nomenclaturas e as funções são cambiantes, pendendo ora para orientação educacional, ora para coordenação pedagógica, ambas as funções dão corpo à gestão educacional que, quer sendo administrativo ou pedagógico, são educacionais, e se tomadas pelo princípio democrático sustentado nos documentos oficiais, visam a uma instituição educacional aberta ao diálogo efetivo.

O foco administrativo da gestão dá conta de toda estrutura indispensável para que seja possível a realização do ato educativo, e o de caráter pedagógico pauta seu fazer nas ações entre o ensino e as aprendizagens, o que, nas instituições de educação infantil, precisa colocar no centro de seu fazer as vivências da infância. Nesse limiar estão as ações ligadas tanto ao professor quanto às crianças.

Essa obscuridade nos conceitos e nas funções pode gerar zonas de sombra que dificultam a efetivação da função na atualidade. Se tomarmos como ponto de atenção as três habilitações clássicas do pedagogo anteriores à LDB n.º 9.394/96, as quais figuravam como especialistas, a saber, Orientação Educacional, Administração Escolar e Supervisão Escolar, não encontramos em nenhuma delas a perspectiva posta na atualidade sobre a formação continuada em serviço. À primeira interessava o processo educacional do aluno, à segunda as questões organizacionais e à última o ponto fiscalizador do processo tão somente administrativo, pautando-se nos cumprimentos dos dispositivos legais.

A tão necessária articulação de alunos, escola, família, comunidade e sociedade no processo educacional necessita de alguém que seja seu fio condutor. O deslocamento do olhar sobre a atuação desse profissional que se pautava nos aspectos funcionais, técnicos e burocráticos de forma fria e passiva põe em relevo a percepção do dinamismo dos cotidianos educacionais que se constroem e reconstroem-se com base em vivências reais.

A fim de aproximar a discussão ao contexto do estudo realizado, apresento brevemente como a função foi constituída na Rede. Corrêa (2009) registra que a necessidade de profissionais para atuarem na função de orientação pedagógica e educacional data do ano de 1977, com a implantação dos miniLiceus na cidade, sendo que anteriormente a esse período, a função era exercida pelo diretor da instituição, orientado pela Secretaria de Educação.

Ainda, a autora apresenta que no ano de 1986 foi aberto um exame de seleção para provimento de cargos para orientador educacional e supervisor de ensino, integrando-os ao Quadro do Magistério Municipal de Petrópolis, sendo as funções de especialistas regulamentadas pela Lei n.º 4.455/86, que definiu a formação necessária para o exercício da função, apresentando também que os requisitos para o exercício das funções só foram apresentados posteriormente na Lei n.º 4.980/92.

Continuando com o disposto no texto tem-se que em janeiro de 1995 foi promulgada a Lei n.º 5.173/95, que alterou alguns artigos da Lei n.º 4.980/92, que deu ao artigo 44 uma nova redação, tirando o título de especialistas em educação dos orientadores educacionais e pedagógicos, passando-os à classe de professor II.

No ano de 1997, a Lei n.º 5.375 estabeleceu os requisitos para o exercício das funções de orientação educacional, orientação pedagógica e supervisão de ensino, bem como os critérios de seleção dos candidatos que desejassem ter acesso às funções, os quais seriam submetidos a uma avaliação do desempenho profissional a cada três anos, realizada pelo secretário de Educação, juntamente ao diretor do Departamento de Educação após entrevista com o diretor da unidade escolar e o orientador.

Já a Lei n.º 5.912, do ano de 2002, alterou artigos da Lei n.º 4.980/92, regulamentando as funções de orientador educacional, orientador pedagógico e supervisor de ensino, e determinando os critérios de seleção para o acesso às referidas funções. E em 2003 foi publicada no Diário Oficial do município a Portaria n.º 1, de 13 de janeiro, que instituiu o documento Regimento Escolar, que determina a estrutura, a organização e as normas de funcionamento das unidades escolares da Rede, estabelecendo, então, a formação necessária e as competências para o exercício da função de orientador pedagógico. Tais profissionais seriam professores da Rede com formação em Pedagogia, que já teriam atuado em função docente ou em direção de escolas, sendo eles selecionados por meio de indicação da Secretaria de Educação do Município.

Seguindo nessa linha de considerar os aportes legais, a Lei n.º de 6.870, de 03 de agosto de 2011, posterior à publicação dos estudos de Corrêa (2009), consolida a função de OE nas instituições educacionais, e a Deliberação n.º 001/2012, do Comed, determina a garantia desse profissional nas instituições de educação infantil, como já apresentado anteriormente.

Essa última lei citada define claramente como função do OE aquela que toma o aluno como centro da ação pedagógica do professor e, por conseguinte, o professor no centro da ação do trabalho do OE, que também objetiva alcançar, na ponta da lança, o aluno. Como membro da equipe gestora compete-lhe a participação na construção coletiva de condições facilitadoras e desejáveis ao bom desenvolvimento do trabalho pedagógico na definição de seus rumos, assegurando condições favoráveis à cidadania dos alunos, não mais aceitando o lugar daquele que "apaga incêndios",[23] mas daquele que promove a construção coletiva dos fazeres educacionais e pedagógicos.

---

[23] Expressão usada por uma OE, como poderemos encontrar nas narrativas.

É no desenrolar desses dispositivos legais que, destacando a poesia novamente, "leis não bastam", os sujeitos da pesquisa articularam-se, constituindo-se no desenvolvimento de seus fazeres. As memórias que serão narradas ao longo do texto, de forma implícita ou explícita, estarão também imbuídas desse passado presente do repertório de experiências da definição e do exercício da função.

Como citado anteriormente, os sujeitos deste estudo foram as orientadoras escolares que iniciaram o exercício da função nos CEIs. São professoras concursadas da Rede que, em diferentes momentos e situações, trabalharam nas instituições de educação infantil. Algumas ainda permanecem na função e outras não mais. No estudo fiz a opção de deixar que as próprias narrativas nas cartas pedagógicas cumprissem o papel de apresentar suas memórias da trajetória formativa, bem como da chegada aos CEIs, cujas experiências são únicas.

II.III O CAMPO DO ESTUDO: ENTRELAÇANDO OUTROS FIOS

O processo de pesquisa tomou como pressuposto que as experiências vividas registradas nas memórias das OEs, quando narradas, contribuem para a elaboração e a produção de conhecimentos sobre seus fazeres nas instituições.

A partir dessa questão que, ao longo do curso e pelas condições do momento, como já explicitado, foi tomando corpo e despertando o interesse de pesquisa, assumi o compromisso de elaborar o conhecimento de aspectos acerca da realidade apresentada, podendo eles contribuírem com o que já foi elaborado por outros que sobre eles já se debruçaram anteriormente. Alves (1992, p. 54) afirma que "a produção do conhecimento não é um empreendimento isolado. É uma construção coletiva da comunidade científica, um processo continuado de busca, no qual cada nova investigação se insere, complementando ou contestando contribuições ao estudo do tema".

Diante disso, para melhor compreensão do objeto de estudo, foi realizada uma pesquisa no Portal de Coordenação de aperfeiçoamento de Pessoal de Nível Superior (Capes), com vistas a inventariar estudos já realizados sobre questões atinentes a esse estudo, a partir dos descritores formação continuada e atuação do orientador escolar (e as variantes de nomenclatura) na educação infantil, considerando o período correspondente aos anos de 2015 a 2020. Tal proposta objetivou conhecer um pouco mais do campo a ser investigado, uma vez que no contexto em que este estudo foi realizado, tudo ainda era muito novo, mas é possível considerar que a temática da formação continuada, bem como a atuação do OE, já são objetos de estudo e de reflexão de muitos pesquisadores nos últimos anos.

A temática da formação permanente/continuada surge com força com a promulgação da LDB n.º 9.394/96, quando busca dialogar com os estudos construídos ao longo do tempo por teóricos que foram buscando produzir saberes sobre a relação da formação de professores e a realidade escolar. E isso foi mobilizando um campo de estudo dentro do vasto cenário que circunscreve a educação.

Destaco aqui Marli André (2010) como uma das grandes responsáveis pelo amadurecimento do debate. Ela própria referencia Garcia (1999) quando ele especifica a constituição do campo de formação de professores com base em cinco critérios: existência de objeto próprio, metodologia específica, uma comunidade de cientistas que define um código de comunicação próprio, integração dos participantes no desenvolvimento da pesquisa e reconhecimento da formação de professores como um elemento fundamental na qualidade da ação educativa por parte dos administradores, políticos e pesquisadores.

Assim, o debate referente à formação de professores foi se deslocando do campo investigativo da didática para a constituição de um campo próprio, uma vez que foi se instituindo uma autoridade científica que conferiu prestígio e reconhecimento, validando o conhecimento dentro do campo. Segundo a autora (2010), a criação do Grupo de Trabalho (GT) Formação de Professores, que integra a Associação Nacional de Pós-Graduação e Pesquisa em Educação (ANPEd), e a criação de um periódico científico (*Revista Brasileira de Pesquisa sobre Formação de Professores*) centrado na temática da formação docente em 2009, foram iniciativas importantíssimas para a conquista da autonomia da área.

A citação a seguir afirma a notoriedade da pesquisadora:

> [...] nossa colega Marli André [...] foi uma intelectual constituinte do "campo" da Formação de Professores e exerceu autoridade, outorgada pelos próprios pares do campo, porque esta autoridade científica estava inseparavelmente ligada à sua competência científico-acadêmica e representação social na área da Educação que exerceu até sua morte (Jardilino, 2021, p. 13).

E a este objeto de estudo, compreendido pelo campo Formação de Professores, agregam-se múltiplas abordagens, tais como: condições de trabalho, carreira, formação inicial, formação continuada, prática pedagógica, entre tantos outros correlatos ao tema.

Sem desmerecer nenhuma outra função, quer seja administrativa ou a própria docência, é preciso colocar em relevo a formação de formadores de professores, considerando seu papel fundamental na efetivação do trabalho pedagógico nas escolas e, consequentemente, na qualidade das atividades desenvolvidas pelos professores e alunos. Embora extremamente importante, a formação de formadores é um território pouco conhecido e pouco explorado. O formador de professores é um profissional que, em geral, assume a função de coordenação pedagógica, tornando-se um dos responsáveis pela implementação do projeto político pedagógico, pela formação contínua dos professores e pelo bom andamento das atividades educativas.

Dessa forma, é possível perceber que a atuação do coordenador pedagógico, que no contexto deste livro usa a denominação orientador escolar, na formação continuada de professores, também é parte importante no campo de estudos definido como Formação de Professores, entretanto ainda carece de mais estudos que possam contribuir com a área. É possível considerar que a contribuição deste livro é bastante significativa em âmbito local, uma vez que inaugura também uma discussão acadêmica acerca da questão, embora seja sempre bom destacar que tratar das questões de formação dos profissionais da educação nem de longe se caracteriza como uma novidade e, sim, como uma obrigatoriedade que não pode ser negligenciada.

A Lei n.º 9.394/96 e os debates realizados em torno dela deram bastante destaque para a formação continuada, assim como elevou a educação de crianças de 0 a 5 anos de idade ao patamar de primeira etapa da educação básica. Quanto à formação continuada, atribuiu responsabilidades para a valorização do magistério para que, além de outras dimensões, o aperfeiçoamento permanente das práticas pedagógicas se faça presente, associando à qualidade da educação das crianças também à formação de seus professores.

Mas tais questões implicam políticas de Estado que incluem uma ampla articulação entre os envolvidos, que ora deparam-se com momentos fecundos de possibilidades de mobilização do proposto, ora confrontam-se com as barreiras impostas por forças contrárias, que impõem narrativas outras muitas vezes dissonantes dos propósitos iniciais. Novamente, as palavras de Drummond, no poema *Nosso tempo*: "Leis não bastam. Os lírios não nascem das leis", corroboradas por Lessard (2016, p. 49), fazem sentido quando afirmam que as leis, dependem da interpretação daqueles que as implementam.

O Plano Nacional de Educação (PNE) em vigor posiciona-se no sentido de que um quadro de profissionais da educação motivados e comprometidos com os estudantes de uma escola é indispensável para o sucesso de uma política educacional que busque a qualidade referenciada na Constituição brasileira.

A formação acadêmica do professor é requisito indispensável ao exercício profissional docente e em atividades correlatas, por isso os constantes discursos acerca da valorização e do aprimoramento da formação inicial e continuada de todos os profissionais da educação, além de constituírem-se em um direito dos professores, apresentam-se como uma exigência para o exercício profissional.

Ao longo do tempo, no nosso município, a partir da implementação do PCCS, foi possível perceber a busca por essa formação continuada acadêmica que garante a elevação das categorias quanto à remuneração. A valorização do magistério com base em um plano de carreira é dispositivo legal e importantíssimo para a legitimação profissional. Mas como essa formação vem afetando os saberes e as práticas nas instituições? É uma boa questão para outros estudos, para que mais uma vez não sucumbamos à atração pelas novidades, perdendo de vista os objetivos prioritários entendidos por mim como aqueles que se preocupam e ocupam-se da aprendizagem das crianças.

A pesquisa apresentada neste livro importou a outra dimensão da formação continuada, que de modo algum confronta, somente se mobiliza sob outra ótica, àquela que se debruça sobre os próprios fazeres do cotidiano das instituições como um canal de comunicação de saberes entre pares que se comprometem com a educação. Inclinamo-nos sobre a estrutura organizacional a partir da pergunta acerca do que é feito, como é feito, para quê e para quem é feito, e por quem é feito, podendo, assim, aliar teoria e prática.

Assim, a pesquisa circunscreveu-se no campo de estudos de formação de professores que teve como sujeitos as primeiras orientadoras escolares a desempenharem a função nos Centros de Educação Infantil do município de Petrópolis, experiência de uma década, com vistas a ouvir, por meio de suas narrativas, as experiências de formação continuada in loco na constituição do GE como espaço/tempo dessa formação. O próximo capítulo apresentará os caminhos que possibilitaram a produção dos dados mediante diálogo com as participantes.

III

MOULAGE: MOLDANDO O ESTUDO A PARTIR DAS EXPERIÊNCIAS, MEMÓRIAS E NARRATIVAS – PERCURSO E PRODUÇÃO DE DADOS

Este capítulo dedica-se a apresentar os aportes teórico e metodológico que delinearam o desenvolvimento do estudo. Numa vertente tão própria dos estudos em educação, a abordagem qualitativa faz-se marcante quando se propõe a debruçar-se sobre aquilo que é ímpar, e não se repete, por pautar seu olhar na diversidade de sujeitos, culturas, experiências.

No grupo de pesquisa Infâncias, Docências e Alteridade (IDA),[24] do qual faço parte, constantemente tomamos a questão metodológica dos estudos em andamento como objeto de reflexões e discussões. A perspectiva é de sempre fortalecer o campo de pesquisa no/do/com o cotidiano dadas as características tão peculiares dos estudos. Para o fortalecimento desse olhar, a leitura e o estudo do texto *O feitiço do método* (Garcia, 2003) foi fundamental para o entendimento de que há outros caminhos possíveis e adequados para pensar, produzir, validar e expressar conhecimentos frutos das pesquisas.

Durante um longo tempo, o método científico considerado válido foi aquele forjado na necessidade da procura de certezas, produzindo e julgando conhecimentos, pautando-se apenas na razão, na prova e na contraprova, naquilo que poderia ser repetido, medido. Essa herança cultural colocou e, por que não dizer, ainda coloca, as pesquisas em educação num lugar de menos destaque quando não buscam quantificar dados, respostas, fenômenos ou simplesmente comprovar com segurança um dado preexistente. O próprio texto afirma que "a ideia de um método a priori válido para todas as ciências, como tudo que é puro, resultou-se estéril", porém "na atualidade, depois de vários séculos sob o império do método, hipnotizados ainda pelo discurso moderno, estamos começando – ainda que timidamente – a sacudir-nos com o jugo desse feitiço metódico, a navegar nos mares da incerteza e da criatividade" (Garcia, 2003, p. 34).

---

[24] Disponível em: https://dgp.cnpq.br/dgp/espelhogrupo/8851884324546909. Acesso em: 20 maio 2022.

Fortalecer a perspectiva da renúncia de um único método para conduzir as pesquisas acreditando que o caminho preexiste às questões a serem pesquisadas garante-nos caminhar tal qual o supracitado texto destacou sobre o poeta que *"hacecamino al andar"*. Entretanto em nenhum momento renuncia-se à utilização de procedimentos claros para legitimar o conhecimento produzido pelas pesquisas. O que ocorre é que "a partir de um enfoque que dá lugar à complexidade, é possível dilatar os sentidos, ampliar o horizonte da compreensão, encontrar novos caminhos e percorrer antigas trilhas [...] levando em conta a riqueza da experiência e do saber humanos..." (Garcia, 2003, p. 60).

A fala da autora impele-nos a dialogar com a fundamentação dos conceitos de memória e experiência a partir das perspectivas de Benjamin (1987) e Thompson (1981), ambas teorias principais que embasam o presente estudo. Por meio delas vamos em busca de conhecer a riqueza da experiência dos sujeitos desta pesquisa, cujas experiências são ímpares para a construção de saberes. Esses aportes teóricos possibilitaram uma forma de olhar mais complexa para os fenômenos, buscando compreender os sujeitos envolvidos no processo como produto e produtores de cultura, ativos em seus contextos que muito têm a contribuir com a construção de saberes a partir daquilo que viveram.

A construção metodológica de uma pesquisa está direta e intrinsecamente relacionada ao conteúdo abordado e ao caminho de sucessivos contatos e aproximações realizados pelo pesquisador durante o percurso. Pesquisar instituições educacionais e seus atores possibilita-nos conhecer experiências que ocorrem em contextos reais, nos quais as relações que ali se estabelecem alimentam o cotidiano, que se destaca como dimensão potente para fazer emergir de suas situações a concretude para a práxis.

Alves (2001) e Garcia (2003) contribuíram de maneira bastante significativa para a transposição do olhar para o cotidiano escolar como espaço/tempo de pesquisa como lócus objetificado que servia para estudos sobre o cotidiano a partir de um olhar externo para os estudos com o cotidiano. E esse estudo com o cotidiano refuta ações prescritivas, porém reflexivas, que ao invés de darem uma resposta, instigam a busca de respostas próprias, autorais. E nesse contexto, defendo que a contribuição do OE torna-se fundamental na tessitura desse processo.

Esse movimento defendido pelas autoras supracitadas fortaleceu-se a partir da assunção da compreensão de que era preciso compreender as

NARRAR O VIVIDO, NARRAR O NARRADO:
EXPERIÊNCIAS E MEMÓRIAS DE ORIENTADORES ESCOLARES NA EDUCAÇÃO INFANTIL

instituições educacionais para tentar melhorá-la e não somente criticá-la no que deveriam fazer e não faziam, no que deveriam saber e não sabiam. É preciso estar nele para melhor compreendê-lo. Apesar deste estudo não ter tido a intenção de mergulhar no cotidiano das instituições e, sim, nas memórias e nas experiências daqueles que atuam ou atuaram na função de OE, essas memórias e experiências são frutos das vivências no cotidiano.

O que me motivou e alimentou o sonho da descoberta desta pesquisa foi buscar na memória das primeiras orientadoras escolares dos CEIs as experiências de formação continuada, narrando-as de modo a cultivar as experiências ali vivenciadas de maneira a despertar novos sentidos para o cotidiano de crianças e profissionais comprometidos com as infâncias, afinal, como disse Benjamin (1987, p. 86), "de que nos serve toda a cultura se não houver uma experiência que nos ligue a ela?".

Com seus estudos sobre experiência, Benjamin e Thompson tornaram-se autores imprescindíveis para este estudo. O primeiro, pelos textos *Experiência e pobreza* (1987) e *O narrador* (1987), e o segundo com a *Miséria da teoria* (1981), pois as experiências das OEs nos CEIs representam a questão principal deste estudo. Enquanto o primeiro texto de Benjamin aborda o empobrecimento da experiência como legado, o segundo destaca o isolamento entre as pessoas, provocando a extinção da arte de narrar. Já Thompson, em *O termo ausente: experiência*, provoca-nos a todo o tempo a pensar sobre sua crítica ao materialismo histórico para o qual só existe o que é comprovado concretamente, materializado pela produção.

O texto *Experiência e pobreza* (1987, p. 123), já em sua primeira página, coloca uma indagação que a mim soa muito forte: "Quem tentará, sequer, lidar com a juventude invocando sua experiência?". A partir dessa pergunta é possível relacionar outro texto do autor que taxativamente aponta que "a máscara do adulto chama-se 'experiência'" (2009, p. 21). Embora num primeiro momento possa parecer que se contradizem, é possível estabelecer conexões a partir do desenvolvimento do pensamento do autor quando ele diz: "Mas vamos tentar agora levantar essa máscara. O que esse adulto experimentou?" (2009, p. 21). Nos estudos de seus textos é possível perceber que "deseja validar epistemologicamente uma imensa diversidade de experiências – todas elas igualmente verdadeiras" (Baptista; Lima, 2013, p. 459).

O desalento que leva o adulto a desvalorizar os anos da juventude, querendo antecipar-lhe a longa sobriedade da vida séria, empurrando-a para a escravidão da vida, caracteriza-se pela falta de sentido da vida que sempre experimentou, o que Benjamin compara ao filisteu, que jamais levanta os olhos para as coisas grandiosas e plenas de sentido. Por isso, para esse adulto, evocar sua experiência seria uma maneira de opressão sobre a juventude (Baptista; Lima, 2013, p. 452), negando-lhe o espírito, o sonho, que confere conteúdo a cada uma das experiências.

O autor associa o espírito à juventude e, para ele, o adulto é o filisteu que realiza a experiência estritamente material, expressando a ausência de espírito. Assim, busca aniquilar o sonho da juventude, apresentando sua experiência como forma de combater o espírito, pois um dia ele também sonhou, mas a vida lhe ensinou, dando-lhe uma máscara de quem já experenciou tudo, e por isso acreditam que podem intimidar o jovem sem experiência.

Penso que o ponto de contato desses dois textos seria a percepção do empobrecimento da experiência. Aniquilar o espírito da juventude é impedir suas próprias experiências, ferindo-lhe o espírito ainda que sob a intenção de poupar desilusões. Aqui, fico me indagando sobre a experiência de ser OE em CEIs quando essa situação ainda era inédita. O adulto, que pode ser compreendido pela função da orientação escolar das outras etapas da educação básica, pesou sobre os ombros do espírito do jovem orientador de CEIs?

Para Benjamin, de antemão, essa tentativa amargurada de fazer valer a voz da experiência do adulto determina a ausência de sentido da existência. E se não se encontra o sentido, para que ousar outras experiências, outros voos? Trazendo Larrosa (2002, p. 27) para o diálogo, destaco a pertinência de sua afirmação

> Se a experiência não é o que acontece, mas o que nos acontece, duas pessoas, ainda que enfrentem o mesmo acontecimento, não fazem a mesma experiência. O acontecimento é comum, mas a experiência é para cada qual sua, singular e de alguma maneira impossível de ser repetida.

Embora não possa ser repetida como disposto, não quer dizer que não possa ser compartilhada, anunciada como uma forma de conhecimento.

Referenciando novamente Benjamin (1987), no texto ele utiliza o termo experiência (*erfahrung*) como o representante do conhecimento acumulado transmitido entre gerações. Nesse texto, o autor apresenta sua crítica e sua preocupação com a sociedade moderna, que se "caracteriza pelo declínio de um passado comum a ser transmitido" (p. 118), apresentando como razão que tornaram a experiência tão rasa o avanço da capacidade técnica que se sobrepunha aos homens e também o silêncio traumático dos soldados que retornaram da guerra, pois tinham relatos e não experiências que pudessem ser partilhadas dadas às situações vivenciadas.

Ele aponta que o homem moderno necessitaria de transformações éticas para que reconhecesse conscientemente sua pobreza de experiência, transformando-se num bárbaro, que seus escritos definem como "conceito positivo da barbárie" (Benjamin, 1987, p. 116). Então seria necessário erigir um homem cuja disposição de espírito fosse como a de um bárbaro, mas um tipo muito especial de bárbaro, o "bárbaro positivo", que segue apenas em frente, sem nada esperar do passado, tal qual os grandes criadores que implacavelmente operavam a partir de uma tábula rasa.

Seus estudos sugerem que esse novo bárbaro, a partir de seu trabalho, poderia erguer bases sólidas para novas experiências no sentido (*erfahrung*). Esse homem retrabalhado surgiria com todo seu vigor, trazendo consigo as condições de realização da transmissão plena de experiências, incidindo diretamente na capacidade de narrar, ação que dada a pobreza da experiência não se tinha o que contar.

Por efeito da pobreza da experiência, a capacidade de narrar também se perde, uma vez que depende da transmissão de uma experiência. Em *O narrador* (1987), Benjamin analisa o desaparecimento do contador de histórias, anunciando a necessidade de uma narrativa que não vislumbrasse somente o futuro como desejado ao bárbaro positivo, mas que também mirasse na tradição, na experiência transmitida. A essência do texto é a constatação de que a arte de narrar estaria em vias de extinção, pois a transmissão de experiências "que passa de pessoa a pessoa é a fonte a que recorreram todos os narradores" (Benjamin, 1987, p. 198).

O texto mencionado, em diálogo com *Experiência e pobreza* (1987), leva--nos a pautar nossas reflexões a partir do já explicitado sobre a inter-relação entre a pobreza da experiência e o declínio da narrativa, bem como direciona nosso olhar para alguns aspectos que possam apontar outras trilhas, opondo--se à morte da narrativa. O texto destaca a narrativa como uma maneira de unir as pessoas, o narrador como "um homem que sabe dar conselhos [...], que retira da experiência o que conta: sua própria ou a relatada pelos outros" (Benjamin, 1987, p. 200), que com a extinção da narrativa desaparece dom de ouvir, consequentemente desaparecendo a comunidade dos ouvintes; a narrativa como uma forma artesanal de comunicação; que a memória é a inspiração da narrativa, destacando a reminiscência como o elemento que transmite os acontecimentos de geração em geração.

Ligar esses fios pode contribuir para destacar a narrativa como perspectiva metodológica, destacando-os como elementos estruturantes de pesquisa, importantes no interior de instituições educacionais, uma vez que, por constituírem-se de sujeitos únicos, as vivências são únicas e por isso mesmo precisam ser contadas. Como já citado ao longo do texto em relação à função de OE em CEIs ter iniciado recentemente, requer mais do que colocar remendo novo em roupa velha quando analisamos que, por ser um momento que até então não tinha sido vivenciado pelas instituições, pode muito bem valer-se de suas próprias experiências para construir sentidos e significados próprios, não precisando, assim, repetir os modelos historicamente conhecido pela educação.

Com o propósito de ressaltar esse novo conceito surgido no parágrafo anterior – vivências –, recorro a outro texto de Benjamin, *Sobre alguns temas em Baudelaire* (1994), no qual o autor, além de definir mais enfaticamente o conceito de experiência (*erfahrung*) como dados acumulados, tanto a vida privada quanto coletiva que afluem à memória, também define a vivência (*erlebnis*) como dados isolados rigorosamente fixados na memória como uma nova forma de experiência.

Buscar narrar vivências e experiências fundamentadas nas concepções de Benjamin (1987) possibilita-nos tecer o estudo a partir dos diálogos com os sujeitos das experiências. E é nessa tecitura, considerando esses sujeitos das experiências, que vamos dialogando com Thompson (1981) nesse referencial teórico metodológico, quando nos impele a refletir sobre as questões relacionadas à consciência de classe concebida como um conjunto de experiências que geram a experiência da classe, mediando o ser social e a consciência social.

Em *Experiência, o termo ausente* (Magalhães; Tiriba, 2018), problematiza-se o materialismo histórico que nega o valor da experiência na vida dos sujeitos por acreditar que tudo já está determinado a priori. Considerando a experiência como esse "termo ausente", em a *Miséria da teoria*, Thompson (1981) coloca em relevo o ponto central que este estudo pretendeu tocar, qual seja, a experiência de um grupo de OEs que foi pioneiro no momento histórico da chegada desses profissionais pela primeira vez nos CEIs da Rede.

Essas experiências vividas envolveram (Freire, 2019) os corpos de seus sujeitos, marcando-os e fazendo história dadas as circunstâncias do momento. Por isso, dar escuta aos protagonistas desse processo torna-se fundamental para recuperar o momento histórico, cercado de conjunturas, criando-se condições de olhar para trás, tomando a experiência vivida como um fio importante para tecer a história que não está fechada, está em constante transformação, justamente porque somos esses sujeitos ativos da transformação.

Assim, escutar a experiência de quem vivenciou a prática pode contribuir muito com a criação da identidade desse profissional que pode ter um papel de muita relevância no fortalecimento das concepções educacionais que considerem o cotidiano infantil como o ponto de partida e chegada para a formação continuada dos profissionais que nele atuam.

Dando mais ênfase ao cotidiano, pensar nos cotidianos aprendentes (Oliveira, 2016) como elemento estruturante de estudos e fazeres significa puxar outro fio, entrelaçando questões atinentes aos sujeitos do processo educacional, possibilitando-os pronunciar-se sobre ele.

Esses cotidianos, repletos de experiências, abastecem as narrativas, que podem ser um meio de pensar sobre as questões educacionais, de garantir aos atores do processo a possibilidade de refletir sobre suas ações e comunicá-las, e fazendo isso também ajudar os pesquisadores a conhecerem as práticas realizadas de modo que, ao reconstruir a experiência, torná-la acessível para outras reflexões, construindo outros sentidos. Para Benjamin (2012), narrar e compartilhar experiências são ações interligadas, sendo o narrador aquele que de alguma maneira, manterá a história viva, uma vez que assume o compromisso de compartilhá-la.

Esse pensamento levou-me a buscar conhecer um pouco mais sobre a narrativa como opção metodológica de pesquisa que valoriza o saber da experiência produzido no exercício da profissão como uma produção legítima e potente para ser tomada como subsídio para outros profissionais, não para reprodução, uma vez "que ninguém pode aprender da experiência de outro, a menos que essa experiência seja de algum modo revivida e tornada própria" (Larrosa, 2002, p. 27).

> Quando as narrativas em sua forma de enunciado oral típico da educação básica saem dos muros da escola e passam a ser vistas como enunciados escritos úteis para compor os dados de pesquisas do campo educacional, acontece uma valorização desse gênero oral para o escrito, essas narrativas se tornam textos acadêmicos, além de configurarem-se como um modo de produzir o conhecimento (científico-narrativo) (Prado; Serodio, 2015, p. 91).

Considerando a perspectiva do *inacabamento* tão conclamado por Freire (1996), penso ser nosso dever narrar experiências, como invoca Benjamin (1987), para continuar a produzir conhecimento sobre uma dada realidade, uma vez que sempre estamos nos fazendo. Somos a memória que temos e a responsabilidade que assumimos. "Sem memória não existimos, sem responsabilidade talvez não mereçamos existir". A frase de José Saramago (1998, p. 237) faz-me refletir sobre a responsabilidade de compartilhar o vivido de modo a assumir a importância da existência.

Dadas as circunstâncias da organização das instituições de atendimento integral da Rede no tocante aos profissionais, lutou-se pelos OEs como já sinalizado anteriormente. Nesse tempo (*kronos*) de aproximadamente 10 anos, tantas idas e vindas já se constituíram. Esse profissional já está legalmente instituído em todas as unidades educacionais. Mas e o tempo *kairos*, que não pode ser mensurado pelo relógio, pelo calendário, esse para o qual o que importa é o vivido?

Dialogar com essas memórias torna-se fundamental para registrar a existência, que não pode ser produzida em laboratórios por meio de circunstâncias simuladas, objetivando colher respostas sintéticas. Sua natureza é singular.

III.I AS NARRATIVAS COMO POSSIBILIDADE DE PRODUÇÃO DE DADOS PARA A PESQUISA

Como já dito no início do livro, as ideias iniciais do estudo pretendiam uma atuação mais direta nas instituições, acompanhando o trabalho de formação continuada realizado. Porém, diante do cenário da pandemia da Covid-19, como medida de proteção, a orientação principal foi: "Fique em casa".

Com o fechamento das instituições educacionais estava assim suspensa minha pretensão de ir aos CEIs para realizar a pesquisa de campo in loco. O momento, que por si só já se mostrava angustiante, foi ganhando um peso maior com a percepção de que não seria possível realizar o planejado. A necessária mudança de planos foi alimentada com os estudos sobre experiência e memória. Das leituras e discussões sobre os estudos de Benjamin e Thompson fui construindo a possibilidade de trabalhar com as memórias das primeiras OEs dos CEIs, que poderiam compartilhar suas experiências por meio de narrativas, que seriam registradas, compartilhando saberes ali construídos.

Assim, o estudo transitou pelas memórias dos sujeitos da pesquisa, cujas narrativas possibilitaram-me conhecer e registrar suas experiências no exercício da função, bem como também saber sobre como se organizava a formação continuada organizada por elas, revelando desafios e possibilidades para se pensar essas instituições como espaço e tempo de formação.

A pesquisa narrativa (Lima; Geraldi; Geraldi, 2015), como perspectiva teórico- metodológica, molda-se aos contornos particulares do vivido, fazendo-se ao caminhar, sem fórmulas ou modelos a serem seguidos, sendo por isso irrepetível. Dispor-se a ouvir para garimpar os diamantes do trabalho realizado pelas OEs dos CEIs, narrando-os de modo a cultivar as experiências ali encontradas, pareceu ser uma maneira de despertar em busca de novos sentidos para o cotidiano que, como abordado em todo o texto, encontra-se empobrecido.

> Mas como encontrar, então, as pedras preciosas? Cavando a terra, removendo-a em enormes quantidades, peneirando, filtrando o que é apenas sedimentos, lama, materiais friáveis. Longo trabalho de paciência, repetitivo e morno, no qual se sujam as mãos; [...] somente o sonho de uma possível descoberta faz deixar para trás o desânimo; pode-se passar semanas e anos sem nada encontrar, sustentado pela esperança. Depois, se o pesquisador tiver escolhido bem o terreno onde cavar, se não se cansar nesse meio- tempo e se a sorte estiver do seu lado, chega o dia da descoberta. Pequena pedra ou grande noz, de água límpida ou turva, o importante é o achado que justifica depois de tanto esforço o trabalho: outros a irão lapidar-lhe, darão sua forma definitiva, é seu metier: mas era preciso antes de mais nada, tê-la descoberto (Bertaux, 1985, p. 3).

Entrar em contato com essas memórias só é possível a partir da escuta de seus sujeitos, e saber escutar é um dos saberes necessários à prática educativa apresentada em *Pedagogia da autonomia* (Freire, 1996, p. 127-128), em que ele destaca que "somente quem escuta paciente e criticamente o outro, fala com ele, mesmo que, em certas condições, precise de falar com ele".

Para Benjamin (1987), narrar e compartilhar experiências são ações interligadas, sendo o narrador aquele que, de alguma maneira, manterá a história viva uma vez que assume o compromisso de compartilhá-la. Quanta responsabilidade, como ressaltam Blande e Chaluh (2020, p. 21) – "Apresentar as palavras de outrem!". Perceber a pesquisa narrativa como um espaço para fala e escuta, discussão e reflexão é assumir uma pesquisa que se preocupa em realizar uma construção dialógica (Aragão; Zanfelice, 2020).

Assim, o caminho do diálogo que possibilitou o encontro de vozes que compartilham ou compartilharam momentos de vida configura-se como uma oportunidade de, como destaca Paulo Freire (2019), podermos dizer o mundo segundo nosso modo de ver. Dessa forma, julguei coerente com as intenções do estudo assumir o diálogo como método na perspectiva freireana que, como primeiro princípio, estabelece o seguinte:

> 1º - O primeiro princípio do "Método Paulo Freire" diz respeito à politicidade do ato educativo. Um dos axiomas do Método em questão é que não existe educação neutra. A educação vista como construção e reconstrução contínua de significados de uma dada realidade prevê a ação do homem sobre essa realidade. Essa ação pode ser determinada pela crença fatalista da causalidade e, portanto, isenta de análise uma vez que ela se lhe apresenta estática, imutável, determinada, ou pode ser movida pela crença de que a causalidade está submetida a sua análise, portanto sua ação e reflexão podem alterá-la, relativizá-la, transformá-la (Feitosa, 1999, p. 2).

Ainda considerando Freire (2019), ressalto sua ideia de que homens e mulheres são produtores de cultura e por isso a atitude dialógica é, antes de tudo, uma atitude de amor, humildade e fé nos homens, em seu poder de fazer e de refazer, de criar e de recriar. E o diálogo, possibilitado pelo encontro, é a condição essencial para conhecer e fazer-se conhecer saberes ainda anônimos em contraponto à perspectiva do materialismo histórico de que se não existe concretamente não é a versão oficial, não existe ou não tem validade.

> O encontro com o outro amplia nosso olhar à medida que interagimos com ele, nos colocamos em escuta, provocamos embates, reflexões, sentidos, significados; os encontros alargam, expandem nossas consciências, tal qual uma degustação que promove expansão dos nossos sentidos (Aragão; Zanfelice, 2020, p. 50).

Fazer conhecer esses saberes até então desconhecidos, acolhendo as vozes dos outros e narrá-las, é uma forma artesanal de comunicar experiências. Por isso, o uso de narrativas como método de investigação (Lima; Geraldi; Geraldi, 2015) no campo da educação se fortalece, uma vez que os modos clássicos da pesquisa científica não comportam as singularidades próprias da área. Busca-se a compreensão do que é único, do que não se repete, a experiência, e não a simples comprovação e verificação da repetição de fenômenos, de uma verdade.

Nas leituras realizadas dos autores supracitados, encontrei-me com os termos russos *istina e pravda*, que significam verdade. O primeiro, a verdade obtida pela generalização, e o segundo aquela do acontecimento particular, singular, em conformidade aos seus contextos, termo que corrobora as intenções do estudo de tecer narrativas que se organizam a partir da experiência particular e situada dos sujeitos. Experiências que são verdade (*pravda*), mas por sua própria natureza não podem ser comprovadas (*istina*).

A relevância das narrativas das experiências do vivido em contexto escolar é fortalecida à medida que entra no cenário da educação a insatisfação com as produções que se caracterizam por falar sobre a escola em vez de falar com ou a partir dela, considerando a mesma lógica dos estudos do/com/no cotidiano. Assim, a ideia de formação continuada e da instituição educacional como espaço/tempo de formação, que foram fios da trama deste estudo, opôs-se a essa insatisfação, uma vez que legitimou as experiências ali vivenciadas como forma de produzir conhecimento que sustentam reflexões, discursos, pesquisas.

Esse olhar sobre as narrativas caracterizou-as como um campo de pesquisa na educação que, de acordo com Lima, Geraldi e Geraldi (2015), identifica quatro tipos de emprego: 1) a narrativa como construção de sentidos para um evento; 2) a narrativa (auto)biográfica; 3) a narrativa de experiências planejadas para serem pesquisadas; 4) a narrativa de experiências do vivido, isto é, narrativas de experiências educativas.

É possível caracterizar este texto em dois dos empregos destacados: o primeiro e o último. O primeiro quando corresponde fundamentalmente às pesquisas em história oral, que possibilitam aos envolvidos a rememoração de histórias pessoais e sociais cujo foco recai sobre fatos/eventos que emergem da memória dos narradores, sujeitos que contribuem com dados para as pesquisas de terceiros. O último indica que a pesquisa só passa a existir porque há uma experiência significativa na vida do sujeito pesquisador, que a toma como objeto de compreensão (Lima; Geraldi; Geraldi, 2015).

Dessa forma, a frase: "Caminhante, não há caminho, o caminho se faz ao caminhar",[25] parece fazer bastante sentido aqui, pois como pesquisa da experiência vivida caracteriza-se pela singularidade, não existem receitas nem

---

[25] Frase do poema *Cantares*, de Antonio Machado.

fórmulas. "Cada pesquisa constrói sua 'ciência' e gera sua própria estratégia metodológica, seu processo experimental" (Ferrara, 1999, p. 162 *apud* Lima, Geraldi; Geraldi, 2015).

Para narrar o vivido inexiste um conjunto de passos previamente estabelecidos capazes de guiar-nos seguramente. A pesquisa vai se fazendo no próprio movimento de se fazer, nos mapas desenhados ao nos debruçarmos sobre a experiência. Isso posto, não cabe aqui a ideia de definir uma pergunta a priori tão própria das metodologias do estudo da natureza. O que temos é uma história a ser contada, uma verdade (*pravda*) que não comporta generalizações.

E para contar essa história, é preciso inventariar os dados como nos propõem Ginzbug (1989) e Bertaux (1985). O primeiro fala de busca pelos sinais, indícios e o segundo de garimpo de diamantes, ambas expressões que remetem à ideia de arqueologia como forma de recuperar o que se julgava perdido. O arqueólogo

> [...] vasculha um sítio à procura de fragmentos que, encontrados, são cuidadosamente examinados, limpos e dispostos junto a outros, com que comporão partes de um jarro, de um objeto de adorno ou é uma ferramenta, que já não existe mais enquanto totalidade. Reunidos, os fragmentos promovem uma aproximação do que foi... (Lima, 2005, p. 34 *apud* Lima, 2015, p. 34).

Logo, não havendo um caminho predefinido por onde caminhar, a análise das narrativas apoia-se em dois movimentos: conhecimento e inferência baseada na intuição (Lima, 2015). Nessa empreitada, a inferência abdutiva é um instrumento de grande utilidade e aplicação nesses estudos, pois busca tanto a validez do raciocínio dedutivo quanto a verdade do indutivo. Quando o que está em jogo é o estudo de situações do vivido, cujo objetivo é a extração de uma história, a hipótese resultará de uma reflexão e compreensão ampla sobre a experiência narrada.

Para apoiar essas reflexões tão necessárias para a compreensão da experiência, podemos nos amparar no que Wright Mills (1965) descreveu como um empenho na experiência do cientista social, de organizar um arquivo para suas reflexões sistemáticas, pois o define como artesão intelectual. Para o autor, esse artesanato intelectual resultará em ideias que, destacando o título do texto do referido autor, *A imaginação sociológica*, podemos considerar que a imaginação alimenta o raciocínio abdutivo que possibilitará a compreensão do vivido a ser narrado. Nesse raciocínio, a compreensão emerge de um conjunto de suspeitas e percepções que estuda as situações do vivido para elaborar as lições que se extraem de uma história.

Complementando as abordagens sobre a potência das narrativas nos estudos que tomam os contextos das escolas, bem como as experiências vividas por seus sujeitos, trazemos para o diálogo outro estudioso que há muito vem desenvolvendo estudos nessa linha, Guilherme do Val Toledo Prado. Segundo o autor,

> [...] outra significante característica da pesquisa narrativa é que ela, mostra possibilidade de constituir o texto mesmo da pesquisa não só pelo contexto ideológico-social do gênero do discurso acadêmico, mas porque o gênero do discurso propriamente dito passa a assumir tonalidades narrativas desde que, outrora, o discurso do dia-a-dia de professores--pesquisadores-narradores na escola se assumiu relevante para o conhecimento docente (Prado, 2015, p. 106).

Assim, o autor ressalta a potência da narrativa como produção de saberes e conhecimentos docentes, como dados de pesquisa, tornando-se narrativo até mesmo no processo de produção (Prado, 2015, p. 103), pois, em suas palavras, naquilo que é enunciável concretamente é que nos damos conta e sentidos ao mundo que nos cerca.

Prado (2013) destaca as narrativas pedagógicas compostas por memoriais, cartas, depoimentos, relatos, diários, relatórios, entre outros, como materiais importantes para compartilhar os saberes e conhecimentos oriundos da experiência. Entretanto, ressalta também que elas dão-se a partir do processo intencional de reflexão sobre a prática no cotidiano, que desestabiliza as ações rotineiras do dia a dia, provocadas para trazer à tona o que estava invisibilizado.

Toda aproximação do campo e dos sujeitos da pesquisa caracteriza--se como um desafio no sentido de encontrar a melhor forma de fazê-la, a maneira mais adequada para atender os objetivos pretendidos. No período de realização deste estudo em especial, como já mencionado, o distanciamento físico determinou outros formatos para essa aproximação.

Essa situação levou-me a considerar as cartas como conversas por escrito, considerando que elas circulam na sociedade há muitos e muitos anos e de diferentes formas. Por isso, a partir de leituras realizadas sobre a temática, cheguei às cartas pedagógicas como uma proposta metodológica que muito contribui para a concepção deste estudo, que tem como questões estruturantes: memórias, experiências e narrativas. Estas últimas, que são os próprios textos das cartas, configuram-se como a própria conexão, o diálogo, entre as vivências do remetente e do receptor.

Para tanto, para serem produtoras de conhecimento, essas cartas precisam ter a intencionalidade de comunicar um conjunto de conteúdos educativos para partilhar saberes. Desse ponto de vista, é indiscutível a potência das cartas pedagógicas na construção do conhecimento. Fortemente presentes na educação popular, possibilitam a socialização de experiências e saberes, que ressalta o valor do trabalho coletivo, e a construção de outros saberes com base na formação de sujeitos com conhecimento transformador. Pode-se considerar que o movimento apresentado neste estudo também se articulou com essa proposta, principalmente por atender às características basilares das cartas pedagógicas, quais sejam: a intencionalidade, a reflexão e o compromisso de registrar experiências (Dickman; Paulo, 2020).

Assim, este estudo visou resgatar memórias dos sujeitos da pesquisa, cujas narrativas possibilitam-nos conhecer e registrar suas experiências no exercício da função de OE com foco maior na formação continuada organizada por elas, revelando as condições para se pensar essas instituições e seus espaço/tempo para a formação.

Como já mencionado, no meu processo formativo foi tomando corpo uma postura que muito enriqueceu minha experiência: escovar[26] as palavras, procurando encontrar seus sentidos e significados. Escovando a palavra memória na tentativa de ampliar seus alcances, no dicionário encontramos que memória, palavra originada do latim, significa faculdade psíquica por meio da qual se consegue reter e (re)lembrar o passado. Também pode referir-se à lembrança ou à recordação que se tem de algo que já tenha ocorrido. Ainda buscando a definição de termos, temos que recordar, do latim *recordare*, significa trazer de novo ao coração (memória).

Trazendo à memória um momento vivido com algumas das participantes dessa pesquisa, no livro de Guilherme Augusto Araújo Fernandes (1984), cuja história define memória como algo de que você se lembre, algo quente, algo bem antigo, algo que faz chorar, algo que faz rir e algo que vale ouro, temos condição de refletir sobre as múltiplas possibilidades de acionar nossas memórias para nos fazer lembrar, reconstruindo e interpretando acontecimentos que vivemos e testemunhamos, trazendo-os de novo ao coração.

---

[26] Expressão usada no poema *Escova*, de Manoel de Barros.

NARRAR O VIVIDO, NARRAR O NARRADO:
EXPERIÊNCIAS E MEMÓRIAS DE ORIENTADORES ESCOLARES NA EDUCAÇÃO INFANTIL

Aqui tomamos as experiências dos OEs em CEIs como suportes materiais da memória, evocadas pelas cartas pedagógicas compartilhadas. Entrar em contato com os próprios pensamentos, sendo eles partilhados por meio das narrativas, é o estabelecimento do diálogo, elemento essencial do compartilhamento de saberes. E registrar as narrativas é um meio de socializar os saberes, dando existência às vozes reveladoras das experiências.

Escutar as vozes de seres concretos é uma maneira de construir saberes outros para além daqueles que a teoria não consegue contemplar quando descarta aquilo que não se comprova na história, pois busca sua compreensão e sua prática a partir das complexidades da experiência vivida, que, para Thompson, é assim definido:

> Experiência – [...] por imperfeita que seja – é uma categoria indispensável ao historiador, já que compreende a resposta mental e emocional, seja de um indivíduo ou de um grupo social, a muitos acontecimentos inter-relacionados ou a muitas repetições do mesmo tipo de acontecimento [...] [Mas] ela é válida e efetiva dentro de determinados limites [...] A experiência surge espontaneamente no ser social, mas não sem pensamento. Surge porque homens e mulheres (e não apenas filósofos) são racionais e refletem sobre o que acontece a eles e a seu mundo (Magalhães; Tiriba, 2018, p. 4).

Sendo a experiência o suporte da narrativa como afirma Benjamin, sendo dela que o narrador extrai o que contar, lapidando a lembrança a partir da reflexão, do pensamento, tornando viva a memória, encontrar ouvidos atentos é a chave para o estabelecimento do diálogo, que pode manifestar-se de diferentes formas, até mesmo por escrito. Nesse sentido, Freire (2000), que utilizou cartas como instrumento dialógico, considerando a exigência do registro de modo ordenado da reflexão e o pensamento, merece destaque, pois, para ele "escrever uma carta já é diálogo rigoroso" (Vieira, 2018, p. 75).

Surge aí a busca de referencial teórico para a compreensão das cartas pedagógicas como instrumento de produção de dados para a pesquisa. Posso dizer que, parafraseando Zimmer (2004, p. 23), "as tempestades e as cartas pedagógicas trouxeram à tona a sintonia entre os tempos chronos e kairós". A tempestade vivida nesse momento foi a pandemia da Covid-19.

Nos estudos, encontrei que carta pedagógica foi um gênero cultivado por Paulo Freire, e compreender as cartas na perspectiva freireana leva-nos a entender que o adjetivo pedagógico para ele é quase redundante, uma vez que o ato de escrevê-las é estabelecer um diálogo e exercer a autonomia e a autoria na sistematização dos pensamentos, compreendendo a educação como processo de humanização, o que Freire chamou de ato político. Além de Freire (2000), outros escritos recentes dos autores Camini (2012), Dickman e Paulo (2020), que se fundamentam na perspectiva do educador, também foram importantíssimos na construção do conhecimento sobre a questão.

Tomar as cartas pedagógicas como instrumento comprometido com o diálogo que constrói saberes sobre educação, precisa ser uma ação com consistência para não se correr o risco de passar por historinha num sentido pejorativo. Por isso a proposta das cartas pedagógicas segue uma organização que a embasa e respalda todo seu potencial. Uma carta que se caracteriza como pedagógica observa alguns pressupostos: o da pergunta (aprender a problematizar), da organização (pedagogia diretiva), da pesquisa (tematizar, analisar e sistematizar) e da autonomia (assumir-se como pesquisador de sua realidade, com rigor metodológico) (Dickman; Paulo, 2020).

Camini (2012), aprofundando o papel das cartas pedagógicas ao longo da história, identifica algumas características essenciais na organização desses documentos. A autora define o *ponto de partida* como o primeiro elemento importante e considera que toda carta pedagógica inicia-se na história de vida e na realidade de quem escreve, que compartilha sua vida e seu mundo com quem lê. Ao definir o *objetivo da escrita* como a segunda característica das cartas pedagógicas, ela considera que ao escrevê-las nos abrimos ao diálogo, proporcionando reflexões sobre um tema, estimulando o registro de nossas ideias.

O questionamento sobre *por que é pedagógica?*, terceira característica observada pela autora, dá-se porque considera dois elementos que uma carta convencional não tem: deseja produzir conhecimento e por meio do diálogo tem uma postura política que se faz no vai e vem dos textos. E esse diálogo, quando gera movimento, convida à aproximação, chama à resposta, à continuidade, e estabelece uma relação pessoal, o que considera como a quarta característica: *o efeito da carta pedagógica.*

O diálogo pode organizar-se em torno de notícias, informações, mensagens e reflexões que se abrem como possibilidades de produção de conhecimento, considerado pela autora como a quinta característica, *o conteúdo de uma carta pedagógica.* Para tanto, outra característica é fundamental, pois escrever uma carta pedagógica *exige compromisso* de quem escreve com o que se escreve, uma vez que estabelece um diálogo em busca de soluções, que podem ser suas reflexões, compartilhadas com um coletivo do qual faça parte e queira aprofundar a caminhada.

Para apresentar a sétima característica, *as potências das cartas pedagógicas*, a autora cita o professor Jaime José Zitkoski, que diz que elas expressam-se na capacidade de atingir as pessoas nos aspectos lógicos/racionais e de tocar seus corações. O primeiro aspecto é importante para dar um sentido prático ao que escrevemos e o segundo é expressão da capacidade de atingir as emoções, o sentimento e a afetividade humana, aflorando a sensibilidade, sendo o elemento humanizador da carta pedagógica.

Para tanto, é fundamental considerar a oitava característica, *Para quem escrevemos*, pois por meio do diálogo é possível gerar alteridade e compromisso em torno da mensagem ou reflexão que é compartilhada quando comunicamos o humano de nós para o humano do outro. Aí, *a resposta à carta,* outra característica de toda carta pedagógica, concretiza a vivência de uma cultura dialógica em relação à escrita da palavra e a leitura da realidade de vida. A resposta de uma carta é outra carta, que poderá vir como outras perguntas, como abertura a saber mais, de comunicar outras dúvidas. São incentivadoras da produção de conhecimento com base no cotidiano dos sujeitos que as escrevem.

E como última característica, *o método da escrita da carta pedagógica*, a autora, afirma que podem ser escritas de uma diversidade de formas, que a escrita das cartas pedagógicas é aberta à criatividade de seus escritores a depender de seus propósitos.

Diante do apresentado, compreendendo a potência desses documentos, foi proposto então um convite ao diálogo com nossos próprios pensamentos. Assim, para construir memórias a partir de experiências narradas nas cartas pedagógicas, foi feito um primeiro convite ainda informal, para aquelas consideradas as primeiras OEs de CEIs da Rede. Prontamente, todas se colocaram à disposição para participarem do estudo, mostrando-se muito satisfeitas por poderem partilhar suas experiências.

A primeira carta enviada às participantes apresentou um breve delineamento da organização da pesquisa e uma solicitação para que revirassem suas memórias e escrevessem sobre sua formação e as trajetórias no magistério. Essa carta destacou o sonho, na perspectiva de Freire (1991), como um projeto. As palavras dadas na carta teceram os fios das memórias e, de maneira geral, foi possível perceber que o movimento de lembrar despertou a emoção das participantes ao escreverem suas trajetórias na docência. Elas mostraram-se motivadas pela possibilidade de participarem da pesquisa e partilharem suas lembranças.

> É com muita alegria que venho aqui escrever sobre minha trajetória no magistério e contribuir para essa sua empreitada, criando uma possibilidade de não só pensar e refletir, mas de sonhar junto com você (Trecho extraído das cartas).

> Inicialmente gostaria de parabenizá-la pela pesquisa e agradecer pela lembrança e oportunidade de contribuir com ela (Trecho extraído das cartas).

> É um prazer reviver minha trajetória de formação, é a possibilidade de tornar mais presente minhas experiências que faz ser quem eu sou (Trecho extraído das cartas).

> Estou muito feliz com o convite. Espero poder contribuir com a sua pesquisa, contando um pouquinho da minha trajetória na educação, principalmente na Educação Infantil (Trecho extraído das cartas).

> Primeiramente, gostaria de dizer que me sinto honrada e agradecida por poder participar de sua pesquisa... Que delícia fazer uma viagem em minhas memórias em tempos tão difíceis (Trecho extraído das cartas).

> Primeiramente gostaria de registar a satisfação em participar da sua pesquisa (Trecho extraído das cartas).

> Fiquei muito feliz ao ser convidada para fazer parte de seu grupo, visando o desenvolvimento de sua pesquisa. Falar de minha vida profissional é algo que me faz sentir muita alegria (Trecho extraído das cartas).

Perceber essa abertura foi muito importante, pois somente essa disposição é que ajudaria a estabelecer a confiança tão necessária ao diálogo verdadeiro. Algumas cartas chegaram cheias de emoção, algumas OEs até mencionando lágrimas concretas. Muito do narrado encontrou-se com minhas próprias memórias e eu também pude relembrar várias experiências vividas nesse longo processo da constituição dos CEIs na Rede.

Assim como Ginzburg, Prado e Santos (2011) e Prado, Frauendorf e Chautz (2018) destacam a importância do inventário para os estudos com narrativas. No movimento de procurar entender os significados das palavras para atribuir-lhes melhor sentido, encontrei que inventário vem do latim *inventarium*, que significa relação dos bens de uma pessoa falecida; de *invention*, achado, descoberta, de *invenire*, descobrir, achar. Para os autores citados, é no processo de organização do inventário que a ação investigativa vai ganhando contornos únicos dados pelo pesquisador.

Assim, tomando as cartas como bens, documentos ricos de informações e dados para o estudo, fui organizando-as de modo que pudesse encontrar em suas vozes elementos de encontro, mas também falas únicas, que levariam às descobertas. Cada carta que registrava os desafios encontrados no processo de trabalho do OE em CEI, como veremos no capítulo a seguir, ia se materializando diante de meus olhos, a necessária discussão sobre os modos de ver e fazer a educação infantil, mas também a educação de outras etapas em nosso país ao longo da história.

Inventariando os achados das cartas, em diálogo com o referencial teórico já construído, fui aprimorando o faro, como propõe Ginzburg (1989), e, mesmo sem saberem, as vozes me ofereceram pistas para trilhar o caminho dos estudos decoloniais. A opção por esse caminho, entre tantas outras possíveis, não foi tomada no início da pesquisa, mas me pareceu bastante significativa quando da leitura e releitura das cartas, captando as vozes que anunciavam tantos saberes e fazeres, mas também denunciavam tantas dificuldades para a concretização deles. Assim, também propus um movimento para buscar possíveis respostas às perguntas que se escondem nas entrelinhas.

Quase como um golpe de vista (Ginzburg, 1989), fui percebendo que poderia apresentar algumas vozes das narrativas às pesquisas de Aníbal Quijano (2005, 2012) sobre colonialidade, que, a partir de seus instrumentos analíticos, poderia auxiliar na compreensão da realidade, pois se apresenta como uma categoria que compartilha um conjunto de enunciados que discutem a questão do poder em vários âmbitos. Assim, como propõe Morin (1960), faria a minha tradução da realidade.

No próximo capítulo serão apresentadas as narrativas, articulando-as às abordagens teóricas possíveis, bem como o diálogo entre o narrado nas cartas pedagógicas e os estudos decoloniais ao final do capítulo.

CARTAS PEDAGÓGICAS: OS FIOS DA CARRETILHA QUE CONVIDAM AO DIÁLOGO COM AS NARRATIVAS[27]

Petrópolis, 22 de setembro de 2021

Caríssima,

É com imensa satisfação que te envio esta carta após nosso primeiro contato com o intuito de convidá-la para participar da pesquisa de minha tese de doutorado que, por enquanto, intitula-se *A formação continuada nos CEIs como ponto de encontro das memórias das Orientadoras Escolares: produzindo diálogos, tecendo narrativas para registrar experiências*.

O que inicialmente pretendia uma pesquisa de campo nas instituições precisou ser reconfigurado diante do cenário imposto pela pandemia da COVID 19 que nos forçou um distanciamento físico inimaginável. Todavia, buscar compreender os contextos históricos e buscar mecanismos de superação das problemáticas faz parte da Educação, não é mesmo? Haja vista o atual cenário, com o qual podemos vislumbrar um desmonte de várias construções históricas que visam à educação como um direito para todos.

O referencial teórico metodológico do meu estudo está pautado nas discussões sobre a experiência/memória/narrativa. Assim, seus saberes em diálogo, permitirão registrar tempos vividos e como experimentou cada momento, anunciando possibilidades, contribuindo com a construção de saberes.

É preciso sonhar... mas, não sonhar e nada mais. Paulo Freire nos ensina que "os sonhos são projetos pelos quais a gente luta". Por isso, te convido a sonhar comigo, uma outra educação, uma outra sociedade e, isso fica mais fácil quando sonhamos e lutamos juntos. Diante da impossibilidade de encontros físicos te convido ao diálogo a partir da escrita de cartas nas quais abrirá o armário de suas memórias, registrará suas experiências as quais serão narradas nos textos escritos que depois alimentarão as análises e reflexões do estudo em curso.

Desta forma, solicito que em sua primeira carta você faça uma apresentação pessoal, falando sobre sua trajetória de formação e atuação no magistério.

---

[27] As demais cartas encontram-se nos Anexos.

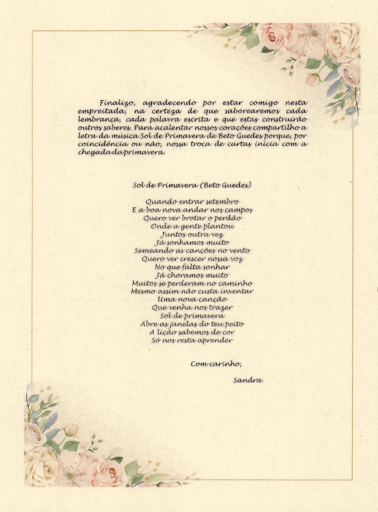

Como já destacado, o primeiro contato com as OEs foi bastante positivo. Todavia, o que a princípio deu a impressão de que fluiria tranquilamente, mostrou-se um pouco mais complicado quando nem todas responderam às cartas. Do grupo de 15 orientadoras, 10 mantiveram o movimento de responder às cartas. Mas vale ressaltar o ocorrido na nossa cidade com as chuvas, como já mencionado no capítulo da introdução, quando algumas das participantes deste estudo foram afetadas materialmente de alguma maneira, e por isso nem todas enviaram a última carta. Destaco que os intervalos entre o envio das cartas e o recebimento das respostas foi bastante diverso de participante para participante. Porém tais situações nem de longe comprometeram o estudo, que se fundamentou nas memórias e nas experiências de cada participante, sendo que cada uma tinha o direito de compartilhá-las ou não, fazendo-o de sua maneira.

As participantes sempre se mostraram muito atenciosas e comprometidas com a pesquisa, e quando demoravam a responder justificavam-se, apresentando os motivos, que basicamente estavam circunscritos a demandas profissionais ou a questões de saúde, própria ou de um familiar, o que retrata a situação vivida no momento em que este estudo aconteceu.

Ressalto aqui que eu já conhecia bem o grupo de participantes, tendo trabalhado com elas quando atuava na Secretaria de Educação do município. Todavia essa posição, ainda que já distanciada no tempo, não se caracterizou como conflitante com os interesses da pesquisa, uma vez que esta pautou-se nas experiências registradas nas memórias de cada participante em seu contexto de atuação. À época, trabalhando com elas, muitas situações eram-me familiares, mas nem de longe significa que eu compreendesse a lógica dos meandros por elas vivenciados em seus contextos, visto que a experiência é individual.

A troca de cartas pedagógicas, como não poderia deixar de ser, considerando suas características, organizou-se com objetivos bem claros e sempre buscando a reflexividade tão própria desse modo de comunicação. Era um convite à escuta de si para cada uma das participantes, exercendo o diálogo com suas memórias. E também a possibilidade de registro de experiências ainda pouco conhecidas, compartilhadas, de certa maneira silenciadas.

As narrativas apresentadas anteriormente, demonstrando a satisfação na participação deste estudo, podem ser compreendidas no sentido de valorização de suas vozes. Ao todo foram seis cartas enviadas para o grupo, cada uma contendo abordagens que objetivavam construir os sentidos que ampliariam os alcances do meu olhar, levando-me a outras maneiras de compreensão do vivido.

O processo de pesquisa tomou como pressuposto que as experiências vividas registradas nas memórias das OEs, quando narradas, contribuem para a elaboração e a produção de conhecimentos sobre seus fazeres nas respectivas instituições, apoiando também o campo de saber específico, bem como registrar memórias para a história dos CEIs da Rede. Para tanto, a escuta sensível, narrar reflexivamente a própria experiência compartilhando essas narrativas, é uma forma de construir saberes a partir da experiência, o saber da experiência feita, pois não é uma acumulação de saberes práticos, mas aquele que se constitui com base na reflexão sobre o vivido em busca de novas significações para ele.

Baseada nessa questão, assumi o compromisso de elaborar o conhecimento acerca da realidade apresentada, podendo ele contribuir com o que já foi elaborado por outros, que sobre ele já se debruçaram anteriormente, como pode ser observado na introdução deste estudo, vislumbrando outras possibilidades, novamente ressaltando o exposto por Alves (1992) numa citação apresentada anteriormente, quando afirma que a produção do conhecimento não é um empreendimento isolado e, sim, uma construção coletiva da comunidade científica, um processo continuado de busca por contribuições ao tema em questão.

Assim, colocando em relevo os pormenores dos diferentes contextos, sobre eles refletindo, vamos provocando os deslocamentos necessários para as mudanças que desejamos. Tomar a ação de escutar como pré-requisito ao diálogo como nos ensina Paulo Freire, significa considerar que a partir de sua experiência o outro tem muito a dizer. Então, a partir deste momento vamos, *amorosamente*, ouvir as vozes dos sujeitos, procurando articulá-las com os saberes já construídos, no intuito de buscar similaridades, dissonâncias, completudes, hiatos.

IV.I EXPERIÊNCIA, MEMÓRIAS E NARRATIVA

> *A memória guardará o que valer a pena. A memória sabe de mim mais que eu; e ela não perde o que merece ser salvo.*
>
> (Galeano, 2001, p. 6)

Iniciar esta seção é extremamente gratificante, uma vez que todo o escrito até aqui serviu para preparar o olhar do leitor para o que aqui será apresentado. O percurso de dialogar com teóricos possibilita-nos a tomada de consciência do saber já construído e também apresentar trilhas que podem abrir-se diante de nós. Parafrasear Antonio Machado, "caminhante não há caminho, o caminho se faz ao caminhar", parece oportuno, pois na tecitura dos estudos pautados em experiências, memórias e narrativas estamos sujeitos àquilo que emerge do outro. Materializar esse processo a

NARRAR O VIVIDO, NARRAR O NARRADO:
EXPERIÊNCIAS E MEMÓRIAS DE ORIENTADORES ESCOLARES NA EDUCAÇÃO INFANTIL

partir de cartas pedagógicas foi uma experiência ímpar em minha trajetória, compreendendo-as como experiência de diálogo.

Antonio Vieira (2018, p. 75), ao escrever sobre as cartas pedagógicas de Paulo Freire, define-as como um instrumento que exige pensar sobre o que alguém diz, constituindo o diálogo por meio escrito. O autor continua, ressaltando que esse "diálogo exercita a amorosidade, pois só escrevemos cartas, para quem de alguma forma, nos afeta, nos toca emotivamente, cria vínculos de compromisso" (2018, p. 75), e defende ainda que esse "diálogo construa, de forma sistemática, mas agradavelmente humana, a reflexão rigorosa acerca das questões da educação".

Os vínculos com os sujeitos da pesquisa foram sendo fortalecidos ao longo da minha trajetória profissional na educação infantil da Rede. Uma caminhada que possibilitou o desenvolvimento da afetividade nas nossas relações, pois com a realidade que se colocava diante de nós no trabalho com os CEIs, cada uma de seu lugar, o estar junto comprometeu-nos em investir esforços em favor de uma educação outra para as crianças de 0 a 5 anos de idade atendidas por essas instituições.

Esse vínculo pode ser caracterizado pelo *trabalho coletivo* a que Freire tanto nos instiga, pois considera que ele reeduca todos os implicados, envolvendo postura e atitude diante do mundo. Apoio-me aqui numa passagem do texto de Michael Löwy (2005) quando ele reflete sobre a redenção messiânica: "Não há um Messias enviado do céu: somos nós o Messias, cada geração possui uma parcela do poder messiânico e deve se esforçar para exercê-la, [...] O único messias possível é o coletivo: é a própria humanidade, a humanidade oprimida" (p. 51-52).

Assim, imbuídas de sonhos em comum, fomos coletivamente trilhando o caminho, não novo, pois outras gerações deixaram contribuições riquíssimas para a educação infantil, mas pisado como novos pés que, certamente, tentamos caminhar suavemente uma vez que caminhamos sobre os sonhos de outros.

Revirar minhas lembranças, buscando na memória fios e fios dessa tecitura, encontrou aderência nas palavras de Larrosa (2002, p. 21): "A experiência é o que nos passa, o que nos acontece, o que nos toca" (p. 21). Continuando com base nas palavras do autor, quando ele ressalta, no mesmo texto, a dimensão de travessia e perigo, recordo-me das inúmeras vezes em que o medo e a dúvida tomaram conta do nosso fazer, mas nos permitimos viver e sermos transformada por tais experiências, não nos anestesiando diante de tudo que se colocava diante de nós.

Podemos aqui mais uma vez dialogar com Freire (1997, p. 79), quando ele ressalta que "Ninguém nasce feito. Vamos nos fazendo aos poucos, na prática social de que tomamos parte". E durante esses 10 anos fomos fazendo-nos militantes, assumindo o compromisso e a responsabilidade por tentar tornar possível o sonho apresentado.

Não à toa, na primeira carta enviada, ao apresentar a proposta do estudo, falei de sonhos:

> É preciso sonhar... mas, não sonhar e nada mais. Paulo Freire nos ensina que "os sonhos são projetos pelos quais a gente luta". Por isso, te convido a sonhar comigo, uma outra educação, uma outra sociedade e, isso fica mais fácil quando sonhamos e lutamos juntos. Diante da impossibilidade dos encontros físicos te convido ao diálogo a partir da escrita de cartas nas quais abrirá o armário de suas memórias e registrará suas experiências as quais serão narradas nos textos escritos que depois alimentarão as análise e reflexões do estudo em curso (Trecho extraído das cartas).

Ao iniciar a escrita das cartas, fiquei pensando numa forma bem afetiva de fazê-lo. Eu, como vivi o tempo em que recebíamos cartas pelos correios, busquei nessa memória pistas para tornar esse processo bonito, gostoso, afável, pois, como já mencionado no texto, só trocamos cartas com quem nos toca emocionalmente. Lembrei-me da minha avó quando recebia cartas de suas irmãs que viviam em Minas Gerais, mandando notícias dos familiares. Pelo que me recordo, minha avó tinha pouco conhecimento de leitura e escrita e essas cartas eram lidas, primeiramente, pela minha tia, e depois por mim, quando já sabia ler. Essa situação retrata o que Coelho (2011, p. 59) destacou sobre o entendimento de Paulo Freire sobre as cartas: "É o gênero de escrita que mais se aproxima do sujeito oprimido que, mesmo não sabendo ler, solicita que o outro escreva e leia para ele".

Após vários rascunhos do conteúdo a ser apresentado, pensei na forma. E trazer à memória outra coleção típica das meninas nos meus tempos de criança inspirou-me a ela, que com certeza já era a experiência do diálogo.

Colecionar papéis de cartas foi algo que marcou uma geração. Essa experiência veio-me à memória com muita nitidez, trazendo-me de volta o tempo em que admirávamos papéis com desenhos, texturas, tamanhos, cores, cheiros diferentes. É possível sentir o cheiro adocicado do papel de carta com estampas de morango... Por isso, decidi que minhas cartas seriam enviadas em um papel desenhado, imitando aqueles papéis de carta da minha infância. Acredito que esse simbolismo também tocou as destinatárias, pois várias, ao enviar as respostas, também apresentaram suas cartas com bordas diferenciadas.

Com a primeira carta enviada veio a expectativa gostosa da primeira resposta. Recordei-me do livro de literatura infantil *O carteiro chegou* (Allan Ahlberg, 1986), que anunciava a chegada de uma carta. Hoje, essa comunicação dá-se quase que totalmente pelo fio invisível da internet, por meio de e-mail, WhatsApp, mensagens etc. E a primeira carta chegou carregada de afeto, trazendo com ela a certeza de que o sonho seria possível. "É com muita alegria que venho aqui escrever sobre minha trajetória no magistério e contribuir para essa sua empreitada, criando uma possibilidade de não só pensar e refletir, mas de sonhar junto com você" (Trecho extraído das cartas).

É muito comum ouvirmos que a escrita é um ato solitário, pois não há como substituir o autor, é ele com ele próprio. Mas a metodologia da troca de cartas contribui até para amenizar a sensação de solidão. A carta ali em mãos representa o outro bem pertinho. Essa sensação é boa, inspira, aquece...

Nessa linha de expressar os sentimentos, destaco aqui a sensação de desapontamento em não receber algumas respostas, até que, como coloquei no início do estudo, compreendi que a experiência é de cada um, que tem o direito de querer compartilhar ou não.

Mas se o propósito do estudo era dar escuta ao outro, dialogando com eles, ouvir o silêncio também é um aprendizado. Freire (2019) defende o direito de cada um de pronunciar a sua palavra, mas também destaca que o direito de silenciar é fundamental para a humanização. Que experiências esse silêncio emudece? Não poderemos comunicá-las, porém elas existiram e afetaram seus sujeitos de modo que só eles sabem.

Conhecer o saber da experiência só é possível a partir da escuta de seus sujeitos, e saber escutar é um dos saberes necessários à prática educativa apresentada em *Pedagogia da autonomia* (Freire, 1996). Escutar o outro requer tempo. Tempo para que o outro rememore suas experiências, para sentir, relembrar. E não é de tempo cronológico que falo aqui, mas do *kairos*, que não pode ser controlado e, sim, vivido. Não é pura informação, um simples acontecimento. É um tempo necessário ao aprendizado, pois, para tanto, é preciso

> [...] parar para pensar, para olhar, para escutar, pensar mais devagar, olhar mais devagar, escutar mais devagar e escutar mais devagar; parar para sentir; sentir mais devagar, demorar-se nos detalhes, suspender a opinião, suspender o juízo, suspender a verdade, suspender o automatismo da ação, cultivar a atenção e a delicadeza, abrir os olhos e os ouvidos, falar sobre o que nos acontece, aprender a lentidão, escutar aos outros, cultivar a arte do encontro, calar muito, ter paciência e dar-se tempo e espaço (Larrosa, 2002, p. 24).

E esse falar com o outro não significa prescrição e, sim, ao invés de dar uma resposta, instigá-lo a pensar e a construir sua própria resposta. A prescrição empobrece a experiência, pois impede a reflexão. E o cenário educacional tem-se colocado prescritivo, intencionando forjar um tecnicismo no fazer docente contrário à educação crítica e criticizadora, para usar as palavras de Freire (2019).

As reflexões apoiadas em Larrosa (2002) e Benjamin (1987) chamam a atenção para o primeiro quando distingue experiência de acontecimentos que permeiam nossa vida cotidiana, pois ela só acontece quando pensamos e nomeamos o que nos acontece; e o segundo quando ressalta o esvaziamento da experiência dada a sucessão de acontecimentos, excesso de informação que nos atravessam sem nos afetar, sem nos tocar, enfim, sem transformar-se em experiência.

Por isso conhecer um pouco mais sobre a narrativa como opção metodológica de pesquisa que valoriza o saber da experiência produzido no exercício da profissão como uma produção legítima e potente que pode ser tomada como subsídio para outros profissionais, não para reprodução, uma vez "que ninguém pode aprender da experiência de outro, a menos que essa experiência seja de algum modo revivida e tornada própria" (Larrosa, 2002, p. 27), é muito valioso na sustentação dos diálogos deste estudo.

Narradores de Javé, um filme brasileiro de 2003, é um exemplo que se aplica ao contexto desta reflexão. Nele, os moradores de um determinado vilarejo tinham que provar que o lugar tinha uma história, uma identidade a ser preservada. Para tanto, ficou sob a responsabilidade do único cidadão do vilarejo que sabia escrever a incumbência de registrar a história do lugar que, em suas palavras, precisava ser científica, ou seja, considerada legítima para ser validada. O que os personagens não sabiam era o que os autores que embasaram este texto ensinaram-nos: a experiência é singular. Assim, como muito bem mostrado no filme, não havia possibilidade de comprovação científica uma vez que os vários fatos ocorridos naquele lugar marcaram as memórias de distintas maneiras, o que fazia com que suas narrativas não se encontrassem em muitos pontos. Mas o fato é que experiência não lhes faltava.

Tal qual no filme, no campo educacional a narrativa pode ser um meio de pensar as questões educacionais, de possibilitar aos atores do processo a chance de refletirem sobre suas ações e comunicá-las e, fazendo isso, também ajudar os pesquisadores a conhecerem as práticas realizadas de modo que, ao reconstruírem a experiência, tornam-na acessível para outras reflexões, construindo sentidos. Para Benjamin (1987), narrar e compartilhar experiências são ações interligadas, sendo o narrador aquele que de alguma maneira irá manter a história viva uma vez que assume o compromisso de compartilhá-la.

Apoiada nos autores apresentados, ressalta-se que não é necessário começar do zero. É possível, por meio de experiências compartilhadas transformadas em palavras vivas, tecer redes que sustentem novos fazeres, novas experiências. E, aí, a memória ganha relevo, pois, memória e experiência são interdependentes se considerarmos que somente é possível reviver experiências passadas por meio da memória.

A partir das cartas colocamos em movimento o diálogo dos sujeitos da pesquisa com seus próprios pensamentos, garimpando suas memórias, narrando-as de modo a cultivar as experiências ali encontradas, despertando em busca de novos sentidos. Esse entendimento é corroborado pela fala de uma participante "É um prazer reviver minha trajetória de formação, é a possibilidade de tornar mais presente minhas experiências que me fazem ser quem eu sou" (Trecho extraído das cartas).

A primeira carta intencionou conhecer a trajetória de formação das participantes no magistério. De todas as participantes que responderam, nove tiveram como formação inicial o magistério em nível de ensino médio. Uma, que diz ter iniciado na carreira docente tardiamente, primeiramente fez curso de Contabilidade. Nas respostas apareceram diferentes nomenclaturas para identificar essa formação – Magistério, Formação de Professores, Curso Normal –, algumas em uma escola da rede privada e a maioria em escolas da rede estadual de ensino, todas tradicionalmente reconhecidas na cidade na formação de professores. Relembrar a Escola Normal é falar um pouco de mim, que também fui normalista numa escola da rede estadual. Como a maioria das participantes situou os anos de formação entre o início e meio da década de 1990, essa identificação relaciona-se com o período de transição entre as leis de diretrizes e bases da educação no nosso país.

Para Villela (1992), a história da Escola Normal está intimamente ligada à institucionalização da instrução pública com o propósito de instruir a população, surgindo, então, a necessidade da formação do professor durante a Revolução Francesa, para difundir as ideias liberais, expandindo o ensino primário para todas as camadas da população. De acordo com o autor, os Estados Nacionais em constituição no final do século XVIII começaram a perceber a necessidade de institucionalizar o ofício docente. Na mesma inclinação, o Brasil buscou, com a Lei das Escolas de Primeiras Letras, promulgada em 15 de outubro de 1827, garantir esse princípio, que, segundo Saviani (2009), sinaliza uma representação dessa necessidade de institucionalizar a formação de professores. Assim, como no viés europeu, o Brasil adotou a Escola Normal como modelo de formação de professores, que se destinava a habilitar as pessoas para o magistério da Instrução Primária.

Curioso pensar que inicialmente as matrículas para a Escola Normal eram destinadas apenas aos homens, que somente em 1862 foi admitida a entrada de mulheres no curso e que, ao longo de todos esses anos, a profissão de professor, principalmente para os anos iniciais da educação básica, é essencialmente feminina. Gatti (2010, p. 9) ressalta que

> [...] desde a criação das primeiras Escolas Normais, no final do século XIX, as mulheres começaram a ser recrutadas para o magistério das primeiras letras. A própria escolarização de nível médio da mulher se deu pela expansão dos cursos de formação para o magistério, permeados pela representação do ofício docente como prorrogação das atividades maternas e pela naturalização da escolha feminina pela educação.

O Curso Normal, mesmo tendo passado por várias reformulações, sendo também nomeado de várias maneiras, foi a modalidade que até a promulgação da LDB n.º 9.394/96 efetivou a formação inicial dos professores no Brasil, que era considerado como um curso profissionalizante. Esse curso ainda resiste, mesmo após a promulgação da citada Lei, sendo ofertado em todo o país. O curso de Pedagogia, além da formação de professores para habilitação específica para o Magistério, tinha a atribuição de formar os diretores de escola, orientadores educacionais, supervisores escolares e inspetores de ensino, chamados à época de especialistas em educação.

NARRAR O VIVIDO, NARRAR O NARRADO:
EXPERIÊNCIAS E MEMÓRIAS DE ORIENTADORES ESCOLARES NA EDUCAÇÃO INFANTIL

Voltando à questão do Curso Normal como a formação inicial do professor, o que foi instituído pela LDB n.º 9.394/96 como processo de extinção quando aufere ao ensino superior essa competência, nunca deixou de sê-lo, pois os dispositivos legais que acompanharam a referida legislação deram o prazo de 10 anos para a efetivação do proposto. A alteração na lei de diretrizes e bases proposta pela Lei n.º 13.415/2017 ainda alimenta os questionamentos, as dúvidas e as discussões acerca da legalidade da continuidade dessa modalidade de formação, pois em seu art. 62, embora reforce que preferencialmente a formação de professores deva ser realizada em nível superior, o Curso Normal, em nível médio, é admitido como formação mínima para lecionar na educação infantil e nos anos iniciais do ensino fundamental.

É possível afirmar que ao longo da história da educação no Brasil, o Curso Normal, em nível médio, formou gerações de professores, exercendo ainda esse papel em diversas unidades da federação. Neste ponto, volto à questão anteriormente citada sobre o status de curso profissionalizante, relacionando com o trecho da carta de uma das participantes: "Vinda de família que valorizava o estudo e que vivia dificuldades para manter todos os filhos minha mãe sempre nos incentivou a fazer o Curso Normal para que pudéssemos trabalhar e ter uma profissão" (Trecho extraído das cartas).

Embora essa questão não tenha sido evidenciada pelas demais participantes em suas cartas, o fato de já ter uma profissão ao terminar o ensino médio era algo que para muitos pesava no momento da escolha. Eu mesma ouvi essa orientação ao iniciar no Curso Normal. Será que essa situação ainda é relevante na atualidade quando a formação do professor foi para o âmbito do ensino superior?

Bernadete Gatti e Elba Barreto de Sá têm vários estudos que tratam da questão da formação docente. Em um deles, Gatti (2010, p. 1361) aponta que "a escolha da docência como uma espécie de 'seguro desemprego', ou seja, como uma alternativa no caso de não haver possibilidade de exercício de outra atividade, é relativamente alta" é ainda uma demanda.

Para auxiliar nessa reflexão, dialogo aqui com os estudos de Eckhardt (2020), quando ela pretendeu encontrar outras formas de pensar a formação de professores em um curso de Pedagogia, que vem desde 1953 formando profissionais da educação na cidade de Petrópolis. Com esse estudo, a autora afirma que percebeu

> [...] a formação como possibilidade de ascensão social e cultural, além do desejo de ascender economicamente, diferente das pesquisas já citadas de Gatti e Barreto (2009) e Ferreira (2014), que apresentam como motivo do ingresso nos cursos de Pedagogia a possibilidade de ascensão econômica – no caso das classes populares, como uma das poucas opções (Eckhardt, 2020, p. 60).

Ainda que ao iniciar a formação os estudantes tivessem a ideia da possibilidade de ascensões social, cultural e econômica, mais do que isso, os resultados do estudo apresentaram o reconhecimento por parte dos sujeitos que, ao ocuparem as universidades, fortalecem as "conquistas como classe, como sujeitos históricos e coletivos: como classes populares... cuja presença no curso de Pedagogia se mostra como mais um movimento de fortalecimento da luta para que a educação se alimente da alteridade e se realize como prática de liberdade" (Eckhardt, 2020, p. 12). Essa e outras lógicas delineiam a profissão docente no Brasil.

Contudo é possível afirmar que não há discordância quando se fala da profissão de professor, definindo-a como fundamental para a sociedade. Como abordei na introdução do texto, em termos de discursos políticos, essa percepção só mudou no pleito do ano 2018 para a presidência do país, quando as escolas e os professores foram atacados em seus fazeres e em seus propósitos. Porém, ainda que os discursos enalteçam a profissão e ela ainda não seja de fato valorizada, as participantes deste estudo demonstram alegria, encantamento, escolha acertada ou "simplesmente pelo fascínio que a sala de aula me provocou", como disse uma delas que, por acaso, acompanhou a irmã mais velha em um estágio e ficou fascinada. Em suas palavras: "Nesse momento não tive dúvidas: Farei o magistério!".

Outra participante também teve em casa o incentivo e o motivo pela escolha da profissão.

> Decidi pela profissão por ter em casa o mais belo exemplo de entusiasmo pela profissão! Na época, quando ainda era uma criança, adolescente, minha mãe era a professora mais amada e respeitada que tinha contato. Sua alegria, entusiasmo, dedicação, prazer e parceria com as famílias me encantavam [...] (Trecho extraído das cartas).

Sem a pretensão de discorrer sobre a história da formação para o Magistério, cujos elementos históricos já foram amplamente abordados em inúmeros estudos no meio acadêmico, podemos inferir que magistério já foi considerada função glamorosa, se é que podemos colocar assim, quando realizada pela elite e essa possibilidade de profissionalização orientava-se no sentido de aproximá-la o mais possível da função de mãe.

Essa situação vem corroborando a definição dos limites que circunscrevem a longa luta dos profissionais da educação e também os variados estudos na atualidade que apontam que os jovens não querem mais ser professores e, entre os que querem, encontram-se aqueles que não tiveram um grande desempenho no ensino médio e percebem nas licenciaturas a possibilidade de um curso superior.

Não à toa, a despeito desse contexto histórico, Freire (1995, p. 9), em suas cartas a quem ousa ensinar, assevera que não podemos aceitar a ideologia que "reduz a professora como profissional à condição de tia". Ele afirma que a "prática educativa é algo muito sério e que devemos assumir com honradez nossa tarefa docente, para o que nossa formação tem que ser levada em conta rigorosamente". Por isso, na terceira carta do livro *Professora sim, tia não: cartas a quem ousa ensinar*, intitulada "Vim fazer o curso do magistério porque não tive outra possibilidade", Paulo Freire (1993, p. 47) declara que "a prática educativa não deva ser uma espécie de marquise sob a qual a gente espera a chuva passar".

E isso não parece ser o caso das OEs com as quais este estudo dialogou. Seguindo o relato da formação das participantes, com a exceção de uma que cursou Psicologia, as demais concluíram o curso de Pedagogia, sendo que uma cursou o Normal Superior, que, aliás, constitui outro imbróglio na já tão conturbada discussão sobre a formação de professores.

Tomando como ponto de análise o período sinalizado pelas participantes como correspondente da conclusão do Curso Normal e ingresso na graduação, temos que o curso de Pedagogia também se reestruturou, deixando de formar os especialistas em educação como curso de bacharelado para formar o Pedagogo com múltiplas habilitações com característica de licenciatura. A Resolução CNE/CP n.º 1, de 15 de maio de 2006, institui Diretrizes Curriculares Nacionais para o curso de graduação em Pedagogia, licenciatura, sendo definido:

> Art. 4º O curso de Licenciatura em Pedagogia destina-se à formação de professores para exercer funções de magistério na Educação Infantil e nos anos iniciais do Ensino Fundamental, nos cursos de Ensino Médio, na modalidade Normal, de Educação Profissional na área de serviços e apoio escolar

e em outras áreas nas quais sejam previstos conhecimentos pedagógicos.

Parágrafo único. As atividades docentes também compreendem participação na organização e gestão de sistemas e instituições de ensino, englobando: I - planejamento, execução, coordenação, acompanhamento e avaliação de tarefas próprias do setor da Educação; II - planejamento, execução, coordenação, acompanhamento e avaliação de projetos e experiências educativas não-escolares; III - produção e difusão do conhecimento científico-tecnológico do campo educacional, em contextos escolares e não-escolares.

Embora a habilitação pedagogo seja aceita para o exercício da função de orientador escolar, como podemos confirmar pela Lei n.º 6.870/2011, que estabelece a formação em licenciatura plena em Pedagogia, ou nível de pós-graduação, com dois anos de experiência em docência, a maioria das participantes tem como formação a pós-graduação lato sensu em Gestão, Supervisão e Orientação Escolar.

A supracitada lei trata do Plano de Carreira e Remuneração dos Profissionais da Educação Pública Municipal de Petrópolis e esse pode ser o ponto de contato para iniciarmos o diálogo com as narrativas da segunda carta. A carreira docente também é um aspecto que vem sendo proclamado com muita veemência até mesmo como tentativa de mudar o cenário e tornar a profissão atraente, invertendo um pouco a lógica do quadro colocado anteriormente.

Tomando como marco da reflexão sobre a questão o instituído pela LDB n.º 9.394/96, que reconheço que, por si só, não tem o poder de alterar a realidade educacional, mas pode produzir efeitos em relação a essa realidade, destaco que o capítulo da lei que trata da educação dispõe sobre a "valorização dos profissionais do ensino, garantindo, na forma da lei, plano de carreira, piso salarial profissional e outras questões".

Embora a Lei n.º de 6.870, de 03 de agosto de 2011, somente defina as condições de tempo de serviço e formação por titulação em seu texto, que caracteriza a progressão na carreira em termos de nível, podemos supor que a função de OE assim se caracterize uma vez que, como já explicitado, para exercê-la é preciso ter cumprido a docência por no mínimo dois anos e ter a formação que habilite para o exercício da função.

NARRAR O VIVIDO, NARRAR O NARRADO:
EXPERIÊNCIAS E MEMÓRIAS DE ORIENTADORES ESCOLARES NA EDUCAÇÃO INFANTIL

Dessa forma, a segunda carta intencionou conhecer como as participantes chegaram à função denominada Orientador Escolar nos CEIs. Destaca-se que, diferentemente do diretor escolar, o OE não passa por eleição, sendo uma função suprida por indicação que pode ser do diretor ou, em alguns casos, da própria Secretaria de Educação. Como este estudo pautou-se no diálogo com a memória do primeiro grupo de OEs de CEIs, no exercício de mover-me pelos indícios de suas narrativas, podemos inferir que basicamente esse primeiro grupo foi *estrangeiro* que atendia os requisitos legais, porém nem todos emergiram do contexto da educação infantil, e mais significativo ainda das instituições com atendimento em tempo integral. Como registra a narrativa de uma participante: "A escola de Educação Infantil tem características próprias que até as pessoas que estão acostumadas ao ambiente de uma escola não têm a exata noção, e o que é vivido em um CEI ainda é mais específico" (Trecho extraído das cartas).

Uma orientadora apresenta o que chamou de "mistura de emoções ao voltar no tempo e revisitar minha trajetória na função de orientadora escolar em um Centro de Educação Infantil". Ela destaca momentos desagradáveis relacionados a questões políticas (partidárias) que interferem nos âmbitos organizacional e pedagógico das instituições. "Eu era orientadora escolar em uma unidade do município e, na troca de governo, fui transferida para uma unidade de Centro de Educação Infantil sem muita explicação do motivo" (Trecho extraído das cartas). E quantas questões emergem dessa narrativa.

Podemos concluir que os projetos como sonhos podem ser interrompidos a qualquer momento, que a construção entre pares na coletividade nada ou pouco significa, que a substituição de pessoas em nada o compromete e que embora a função de OE seja a mesma em toda a Rede, parece uma atitude descompromissada com os fazeres das instituições de educação infantil quando se envia uma pessoa que não escolheu estar ali nem que a equipe da referida instituição foi consultada.

Apesar disso, ela relatou: "[...] foi uma experiência muito rica e ao mesmo tempo desafiadora pra mim". Reporto-me, aqui, à segunda carta de Freire (1995, p. 27), "Não deixe que o medo do difícil paralise você", na qual ele alega que "há sempre uma relação entre medo e dificuldade". Sentindo-se desafiada e não paralisada pelo medo do novo ela arriscou-se, aprendendo a lidar com o inevitável. Para tanto, sua fala afirma que encontrou no diálogo o caminho: "Busquei trazer para a minha prática a promoção do diálogo na instituição e procurei estreitar laços entre os pares, possibilitando assim, a construção de vínculos e o estabelecimento de parcerias" (Trecho extraído das cartas).

Outra OE relatou que "o desafio foi ganhar a confiança da equipe". É possível, então, ressaltar a potência do caminho que a participante trilhou, concebendo o diálogo como encontro que, para ser verdadeiro, demanda confiança, que só se constrói a partir do respeito, do afeto. Freire (2019, p. 113) chama a atenção para o fato de que "a confiança vai fazendo os sujeitos dialógicos cada vez mais companheiros na pronúncia do mundo".

O foco central é pensar sobre o trabalho realizado com as crianças de 0 a 5 anos que frequentam essas instituições. Mas como fazê-lo verdadeiramente desconsiderando o sentimento de humildade, não como na definição literal de modéstia, pobreza, submissão, mas no sentido freireano que assim a considera: *humildade* como respeito por si e pelos outros. Compreender-se nesse processo é encontrar no outro a mão que vai se ligar à sua na luta pelos sonhos comuns.

É possível reconhecer que a função vai se fazendo conforme a necessidade, em diálogo com o contexto. E isso demanda ouvir e ouvir-se, como podemos compreender no relato a seguir: "Diante de uma equipe que precisava de formação, compartilhava o que havia aprendido, porém, em um espaço com tantos desafios, eu também necessitava aprender, conhecer e ter um olhar mais sensível sobre a Educação Infantil daquele lugar" (Trecho extraído das cartas).

A experiência narrada por outra participante reforça a dimensão desafiadora da chegada à função de OE em CEI. Tal qual a anterior, ela também exercia a função em uma escola e recebeu o convite da subsecretária de Educação Infantil para exercê-la. Em sua narrativa, ela destaca:

> [...] o início foi muito desafiador, a maior parte de minha experiência profissional havia sido em escola e eu me vi em um CEI, com ensino integral e crianças muito pequenas. Algumas turmas sem professores, planejar atividades que não seria eu a pessoa que iria aplicá-las, os momentos de formação para os educadores... Tudo muito diferente do que já tinha feito antes (Trecho extraído das cartas).

Já outra participante relatou que recebeu a indicação para o exercício da função em um CEI em um bairro da periferia de Petrópolis. Com longa trajetória no ensino fundamental, propôs-se a levar ao espaço de educação infantil "uma forma diferenciada de ver a instituição da infância". Mas foi no que ela considerou como segunda missão o desafio mais difícil, qual seja, "sustentar a posição de orientadora, cuja formação, saber e experiência se fazem com muita luta e a certeza de que não devemos jamais desistir" (Trecho extraído das cartas).

Quando essas narrativas encontram-se, apresentando desafios sob várias óticas, somos impelidos a refletir sobre essa função ainda em busca de identidade, considerando tratar-se de um saber fazer complexo, que exige uma formação específica para exercê-lo, para além de conhecimento teórico.

Nóvoa (1992), ao definir identidade docente, comunica que a identidade (ser e sentir-se) não é um dado, não é uma propriedade, não é um produto, mas um lugar de lutas e conflitos, um espaço de construção de maneiras de ser e estar na profissão, o que Pimenta (2002) corrobora, ressaltando que o processo de construção da identidade tem um caráter eminentemente histórico, situado no tempo e no espaço, construindo seu fazer profissional dentro dos desafios e das possibilidades determinadas pelas relações desenvolvidas em cada contexto. E esses condicionantes, quando compreendidos na perspectiva freireana de *condicionados*, mas não *determinados*, leva ao enfrentamento das *situações limites*, superando-as por meio da interação dos sujeitos envolvidos em trabalho coletivo. Nesse movimento coletivo, os sujeitos vão se reconhecendo em vivências comuns, partilhando histórias e construindo significações sobre si e seus contextos.

Podemos considerar que um condicionante muito forte que constituiu as relações nas instituições de educação infantil está relacionado ao entendimento histórico, social e cultural do atendimento às infâncias, com o termo assistencialismo repleto de significações. Uma das orientadoras narrou sobre sua chegada ao CEI: "No início foi um pouco complicado, a própria equipe do CEI tinha uma visão assistencialista. Não pensavam no desenvolvimento das crianças. Era só um local onde os pais deixavam as crianças para poderem trabalhar" (Trecho extraído das cartas).

Como já dito, com o aprendizado da importância de escovar as palavras a partir dos ensinamentos de Manoel de Barros, compreendi a relevância de "escovar para conhecê-las e recuperar sua rebeldia, muitas vezes, escondida nas normas, nos desgastes causados pelo uso diário ou pela força dos conceitos que as aprisionam" (Eckhardt, 2020, p. 38). Nessa toada, debrucei-me sobre o conceito de assistencialismo para dialogar com o narrado na carta.

O termo assistencialismo remete ao passado não muito distante, que por muito tempo caracterizou o atendimento às crianças das classes populares, uma vez que as instituições tinham o papel de possibilitar a mão de obra feminina, acolhendo seus filhos enquanto trabalhavam. Como a criança não pede permissão para desenvolver-se, desde que tenham as condições mínimas (alimentação, higiene, repouso) para isso, ela o faz. Por conta do contexto histórico dessas instituições, de todas as lutas pelo reconhecimento da criança como sujeito de direitos e da educação figurando como um dos mais importantes, o termo assistencialismo não cabe mais no cenário da educação infantil.

Como nos ensina Freire, a gravidade do assistencialismo está na negação do sujeito e de seu protagonismo. Ao contrário, é preciso compreender o processo sob a perspectiva da assistência no sentido de presença para o outro. É inegável o papel da assistência necessária a todas as famílias. Uma família de classe social mais favorecida também precisa de uma rede de apoio. Entretanto, muitas vezes essa rede dá-se por outros vieses. Outras famílias demandam assistência de serviços públicos que têm o dever de cumprir seu papel, mas que não podem, de maneira nenhuma, ser confundidos com favor, benesse, e, sim, como direito. Tampouco deve-se confundir assistência com assistencialismo, expressão que muitas vezes parece que é a outra face da educação infantil de tanto que, na ciranda do tempo, teimam em associá-los.

> Uma das diferenças principais entre a política assistencialista e a que assiste sem assistencializar é que a primeira insiste em sugerir que o grande problema dos deserdados está nas deficiências da natureza; já a política progressista sublinha a importância do social, do econômico, do político. Do poder enfim (Freire, 1995, p. 32).

Em contraponto ao exposto, a narrativa de outra orientadora apresenta uma situação que ainda persiste em algumas instituições de educação infantil dadas as significações construídas ao longo do tempo. Assim como o conceito de creche remete facilmente ao assistencialismo, a expressão pré-escola está arraigada à ideia de preparação para escolarização posterior. A partir de suas memórias sobre a sua chegada ao CEI e depois em uma Emei que passaria por um processo de transição para CEI, ela sinalizou o que segue:

> Para mim, aparecia a ideia de que a dificuldade do exercício da orientação estava na instituição chamada creche, que tem poucos professores e mais educadores, cuja ideia é apenas cuidar, olhar, etc. Mas, ao chegar numa escola de Educação

> Infantil, tive a impressão de chegar numa escola "de ensino fundamental mirim". Foi um choque, confesso!" (Trecho extraído das cartas).

Quando a participante reporta-se ao termo escola na perspectiva apresentada, provoca-nos a pensar sobre a questão, buscando refletir a partir dos dispositivos legais, bem como sobre os significados em torno deles construídos. Como dito anteriormente, tanto assistencialismo quanto período preparatório sempre acompanharam os entendimentos sobre o atendimento às crianças pequenas, e com os encaminhamentos mais recentes, a ideia de escolarização ganha contornos bastante fortes.

A Emenda Constitucional n.º 59 do ano de 2009 alterou a LDB n.º 9.394/96 em relação à compreensão de educação básica obrigatória, passando a incluir como obrigatoriedade a matrícula na pré-escola, o que, até então, configurava-se como dever do Estado em ofertar, mas era opcional à família matricular. Isso posto, o termo escolarização começa a tomar corpo quando se trata do atendimento para a faixa etária caracterizada como pré-escolar.

Embora a legislação em nenhum momento aborde o termo escolarização, mas educação básica obrigatória, a implementação, como já dito no decorrer do texto, citando Lessard (2016), dependerá da interpretação daqueles que a implementarão. Se essa interpretação é pautada somente pela lógica da economia, o quadro já apresentado sobre a diferenciação entre os profissionais que atuam nos CEIs conforma as intenções, implicando em automaticamente assentir que a chamada escolarização deve ser realizada por professor e o atendimento à etapa anterior não precisa. Uma OE sinaliza que uma das dificuldades encontradas, corroborando o que vem sendo tratado, é que "até mesmo as escolas ao redor desejam uma criança pronta e 'nos conformes'" (Trecho extraído das cartas).

E para se pensar o fazer do OE cujo cenário encontrado foi o descrito pelas participantes da pesquisa é preciso encontrar a chave que abrirá essa porta. Tomo emprestadas as palavras de Drummond, transcrevendo um trecho de "Procura da Poesia": "Chega mais perto e contempla as palavras. Cada uma tem mil faces secretas sob a face neutra e te pergunta, sem interêsse pela resposta, pobre ou terrível que lhe deres: Trouxeste a chave?".

Uma chave possível é o reconhecimento de que esses entendimentos não se modificam por leis, decretos e teorias, mas quando são colocados em movimento. Como transformar as dificuldades em possibilidades? Em diálogo com o trecho de uma carta: "enfim, a formação de um profissional da educação nunca se encerra e deveria ser valorizada, deveria ser prioridade em políticas públicas educacionais" (Trecho extraído das cartas).

Já dizia o poeta "Leis não bastam...", pois não são elas que por si modificam fazeres. Não estou dizendo aqui que não são importantes e necessárias, muito pelo contrário. Porém somente no movimento que Freire entendeu como *ad-mirar*, no qual tomamos distância para compreender, descobrir, desocultar, fazendo isso como compromisso coletivo, é possível de interpretar e reinterpretar a letra da lei, e a isso também podemos chamar de formação.

Seguindo nessa linha de considerar os aportes legais, a partir da Lei n.º de 6.870, de 03 de agosto de 2011, que legitima a função de OE, e a Deliberação n.º 001, de 13 de novembro de 2012, do Conselho Municipal de Educação (Comed), que a garante nas instituições de educação infantil, é preciso *ad-mirá-las* no movimento de reflexão, partindo do pressuposto de que todos os profissionais que atuam nessa etapa educacional passaram e ainda passam por mudanças importantes em suas concepções sobre seus saberes e fazeres, mudanças essas resultantes das transformações significativas ocorridas a partir da Constituição de 1988, do Estatuto da Criança e do Adolescente (ECA) de 1990, e da LDB n.º 9.394/96, que embasaram o processo de ascensão da educação infantil como primeira etapa da educação básica. Esse contexto demanda alinhamento dos dispositivos legais com as práticas cotidianas das instituições, um cenário que se constitui a cada dia.

Com isso em mente, a terceira carta intencionou conhecer quais as expectativas que as OEs tinham ao iniciarem seu trabalho nos CEIs e como a realidade vivida desenrolou-se. Curiosamente, uma participante fez uma confissão: "Confesso que via certo glamour na função, poder aplicar os conhecimentos adquiridos, orientando professores, trocando ideias, experiências e pesquisando soluções para problemas específicos e projetos" (Trecho extraído das cartas).

Buscando "ouvir" o que poderia significar essa ideia do *glamour* apresentada pela participante, e também imbuída da postura recém-adquirida de escovar as palavras, pesquisei o significado do termo. No dicionário encontrei que *glamour* tem sua origem na palavra *grammar* e significa uma qualidade extraordinária em um determinado indivíduo, fazendo com que ele pareça muito atraente.

Nos tempos medievais, somente poucos clérigos sabiam ler e escrever e tinham conhecimento de gramática. Para todos os outros, a gramática era

NARRAR O VIVIDO, NARRAR O NARRADO:
EXPERIÊNCIAS E MEMÓRIAS DE ORIENTADORES ESCOLARES NA EDUCAÇÃO INFANTIL

associada a práticas ocultas, misteriosas e mágicas. Naquela época, a palavra *grammar*, em inglês, significava encantamento, feitiço. Em escocês, a palavra era escrita com L em vez de R, ou seja, *glammar*, virando mais tarde *glamour*, da maneira como hoje conhecemos. Na atualidade, significa qualidade excitante e extraordinária que faz com que certas pessoas ou coisas pareçam atraentes.

Esse movimento colocou-me diante de várias possibilidades de interpretações do narrado pela OE, e mesmo correndo o risco de fazer uma errônea interpretação, colocando palavras em sua boca, busquei apoio em Freire quando ele define o sentido de ouvir, adentrando com o outro no movimento interno de seus pensamentos.

Assim, destaco a expressão usada por ela "trocando experiências", termo aqui utilizado diferentemente do defendido por Benjamin, sendo considerado como acúmulo de experiências. Como pré-requisito para o exercício da função há a exigência mínima de dois anos de docência em sala de aula, o que pode ser considerado como "ter experiência". Entretanto, se pautarmos o nosso olhar na direção do exposto por uma das participantes cuja narrativa fala da questão do trabalho em CEI ser totalmente diferente até para quem já tinha muita experiência em escola, essa premissa não corresponderia à realidade. Mas vamos continuar considerando o misto de sentimentos com base na ideia do significado de *glamour* como encantamento, seguindo o fio da valorização. Aí, talvez, encontramos o sentido do narrado.

Essa narrativa pode ser aludida a todas as discussões feitas sobre a carreira docente, em que a experiência em sala de aula confere ao profissional a legitimidade para guiar, digamos assim, o trabalho de outros profissionais.

Nas últimas décadas, o desenvolvimento profissional do docente com foco na carreira foi se colocando nas discussões acadêmicas e legais com muita relevância, considerando que o magistério é uma profissão que demanda formação adequada, condições de trabalho e de desenvolvimento profissional por meio da carreira.

A regulação da carreira docente na educação mediante a elaboração e a implantação de planos de carreira tem sido assunto recorrente a partir da Constituição de 1988 e de todos os dispositivos legais a partir dela. A Lei de Diretrizes e Bases posterior à Constituição Federal estabelece que os planos de carreira devem garantir o aperfeiçoamento profissional, o piso salarial, a progressão na carreira baseada na titulação e na avaliação de desempenho, condições adequadas de trabalho, entre outras dimensões.

É importante ressaltar que, apesar do instituído pela Lei em 1996, o município de Petrópolis só começa sua discussão após a greve da Educação no ano de 2010, que resultou na instituição do Plano de Cargos, Carreira e Salários (PCCS) como marco regulatório mais recente da profissão na rede municipal de ensino. O que no início previa a atenção na carreira do professor, com o advento do Fundeb passa a considerar a carreira dos profissionais da educação básica, trazendo a necessidade de contemplar todos os trabalhadores da educação. O Plano foi reavaliado em 2017, gerando mudanças que, se levarmos em consideração os interesses deste estudo, podemos considerar que afetou diretamente. Na primeira versão do Plano, a carga horária do OE era de 20 horas semanais, e na reformulação passou para 40 horas semanais cumpridas em duas instituições.

No referido Plano, a progressão dá-se por tempo de serviço, bem como por formação. Quanto à carreira docente, a entrada é o concurso público para professor de educação básica, não havendo concurso para a função de OE, que é preenchida por convite ou indicação, como pudemos perceber em algumas situações já narradas. Assim, a formação continuada pode ser um incentivo para a progressão, uma vez que, com a devida habilitação para o exercício da função, há a possibilidade de movimentação para a função com alteração salarial correspondente a uma gratificação (FG) durante a permanência nela.

Esse movimento pode sinalizar o mérito do profissional que já acumulou certa experiência na docência em sala de aula e que está apto a, como narrado pela OE, "aplicar os conhecimentos adquiridos orientando professores, trocando ideias, experiências e pesquisando soluções para problemas específicos e projetos" (Trecho extraído das cartas). Podemos, assim, considerar como uma espécie de valor social atribuído à função na carreira.

Continuando com o narrado pela mesma OE, ao mesmo tempo em que ela inicia apresentando a sensação de *glamour*, finaliza com: "Porém, não é bem assim, nosso fazer vai muito mais além" (Trecho extraído das cartas). Aqui encontro uma possibilidade de complementar essa fala com a de outra participante, que diz o seguinte:

> A orientação escolar era uma função nova nos Centros de Educação Infantil. Foi necessário encontrar meu espaço. A rotina do orientador escolar é bastante agitada. Além de analisar, planejar e avaliar o cotidiano das crianças, precisamos estar atentos às formações oferecidas para a equipe,

aos atendimentos aos pais e ainda ao apoio ao gestor (Trecho extraído das cartas).

Outros dois relatos complementam e ressaltam essa percepção:

Mesmo com tantas funções importantes, observei na prática o quanto o orientador é desviado de sua função, realizando tarefas que pouco agregam em suas responsabilidades. Muitas vezes, a falta de profissionais para desenvolver todas as

atividades necessárias em um CEI leva a esse tipo de situação, mas esse não é o único impasse da carreira do orientador nesses espaços, O orientador é um profissional que, muitas vezes, atua "apagando incêndios" (Trecho extraído das cartas).

Uma outra questão que parece sem fim, em todas as unidades de ensino é a grande demanda pelo trabalho burocrático. Assim, me parece que o mais importante é documentar, sem levar em conta aquele que deveria ser o centro das atenções, ou seja, a criança! O trabalho do orientador escolar vai se tornando muito mais burocrático que prático e da prática. Daquele que vivencia junto à equipe o cotidiano, que tem um olhar crítico para as demandas, que leva questões para discussão em grupo, busca soluções coletivas, anima e faz o trabalho acontecer (Trecho extraído das cartas).

Essas narrativas encontram eco nos vários estudos já realizados com o propósito de ampliar o conhecimento sobre o OE ou função semelhante. Para aqui fundamentar a discussão apoio-me nos estudos de Placco *et al.* (1998, 2003, 2008, 2011, 2012, 2015, 2017), cuja produção sobre a questão é bastante vasta. Num texto datado de 2011, período em que iniciava o trabalho de OE em CEIs no município de Petrópolis, as autoras caracterizaram o trabalho dos CPs brasileiros em suas três dimensões: articuladora, formadora e transformadora. Vale ressaltar que o estudo teve como foco as escolas de ensino fundamental e médio, buscando compreender como estruturam-se e articulam-se as atribuições de coordenação pedagógica.

As autoras defendem que

[...] nas atividades que o coordenador desenvolve nas três dimensões referidas ele constitui continuamente sua identidade profissional e a análise desse movimento identitário permite uma melhor compreensão de como faz face aos desafios da profissão e supera a tensão entre as atribuições

> que lhe são feitas e as identificações/ não identificações que
> assume em relação a essas atribuições (Placco, 2015, p. 10).

Com base na pesquisa realizada, as autoras constataram que os sujeitos participantes do estudo sinalizaram que com frequência aparece como função suas atender professores, pais, alunos, organizar eventos, atividades administrativas, deixando claro o pouco tempo que dedicam ao acompanhamento do fazer pedagógico do professor, postergando-o ou até mesmo anulando-o para priorizar atividades relacionadas às questões interpessoais ou administrativas. Essa situação gera tensões entre o que deveria ser a função e o que acontece de fato, considerando essas múltiplas funções.

Compreendendo o acompanhamento do fazer pedagógico do professor como um processo de formação continuada, atribuição compreendida como pertinente à função, ela fica precarizada face às condições expostas.

As narrativas das OEs neste livro ressoam o já há muito percebido em relação à função no cenário educacional brasileiro, que ainda se encontra em processo de construção. Ouvir suas vozes caracteriza-se como uma possibilidade de engrossar os discursos sobre a necessidade de se fortalecer o processo de constituição identitária desse profissional.

> Destaco que em nosso município ainda estamos em busca da identidade do Orientador Escolar nos CEIs. Em minha atuação nesse espaço tão peculiar, percebi a necessidade de ter clareza das minhas atribuições para que eu pudesse realizá-las e deixar de fazer tudo o que me era solicitado. Mas, percebi que, com essa mudança de atitude, foi possível fazer com que alguns membros da equipe escolar entendessem e valorizassem a atuação do Orientador nos CEIs (Trecho extraído das cartas).

No mesmo estudo, Placco *et al.* (2011) ressaltam suas recorrentes discussões sobre os papéis de articulador e transformador que atribuem ao papel formativo na função de orientador pedagógico. Consideram que o papel transformador é cumprido quando consegue instaurar nas instituições educacionais o significado do trabalho coletivo e como transformador quando coletivamente estimula a reflexão, mediando o processo de elaboração e reelaboração dos sentidos atribuídos aos fazeres, estimulando a busca por propostas de trabalho mais adequadas para cada contexto. A importância do OE então se encontra na posição privilegiada de interlocução entre os profissionais e suas reflexões sobre seus fazeres.

NARRAR O VIVIDO, NARRAR O NARRADO:
EXPERIÊNCIAS E MEMÓRIAS DE ORIENTADORES ESCOLARES NA EDUCAÇÃO INFANTIL

Assim é possível considerar que os desencontros das expectativas dos vários envolvidos no trabalho das instituições sobre o papel do OE sejam marcados muito fortemente pela falta de identidade, como sinalizado pela narrativa e também destacado pelas autoras.

No estudo, Placco *et al.* (2011) buscou em Dubar (1997) o aporte para definir o conceito de identidade por seus estudos sobre identidade no trabalho. Para ele, identidade é um processo constitutivo do sujeito, permanente e dialético, produzido e construído nas interações com outras pessoas, caracterizado por tensões entre o que se diz ao sujeito sobre o que ele é e do que o sujeito se apropria como seu um movimento de identificação, não identificação e diferenciação. Entre o que o outro diz ao sujeito que ele é (atribuição) e os atos em que o sujeito se identifica com as atribuições (pertença), encontra-se o cerne do processo de constituição identitária para o autor, que consiste em identificação ou não com as atribuições, processo que só é possível no âmbito da socialização que, nesse caso, dá-se pelo trabalho.

Considerando, então, a atribuição definida para a função, o Plano de Cargos, Carreira e Salários,[28] documento que sofreu algumas alterações em 2017, sem, no entanto, alterar as atribuições, compreende o OE como aquele profissional que tem a função de dar suporte pedagógico à docência nas áreas de planejamento, acompanhando o processo de ensino/aprendizagem, funções já apresentadas anteriormente.

A partir do exposto anteriormente sobre atribuição e pertença, é possível ampliar um pouco mais o diálogo, inserindo a ideia do processo de conquista de uma territorialidade própria do OE. Refletindo um pouco mais profundamente sobre os conceitos identidade e territorialidade e a relação dos dois, temos que o primeiro refere-se à ideia da individualidade, característica própria do indivíduo. Já a territorialidade refere-se à percepção de elementos mais culturais do exercício de poder por um indivíduo ou grupos. Territorialidade, assim, pode encontrar ressonância na ideia de pertença, quando os OEs de CEIs vão conquistando e construindo sua territorialidade a partir da identificação com os saberes e fazeres atribuídos à função, bem como ocupando seu espaço na dinâmica institucional. E ocupar o espaço não significa aqui considerar apenas a dimensão física, à qual o conceito de território é fortemente atrelado.

---

[28] Lei n.º 6.870 de 03 de agosto de 2011. Dispõe sobre o Plano de Carreira e Remuneração dos Profissionais da Educação Pública Municipal de Petrópolis - RJ.

Uma aproximação com Milton Santos (1993), para trazer apenas um estudioso da questão, possibilita-nos compreender o território como o espaço apropriado e transformado pela atividade humana com o qual o indivíduo ou grupos identificam-se com o sentimento de pertença. Assim, os limites e as fronteiras vão sendo situados a partir da tomada de consciência dos sujeitos, possibilitando a ação sobre eles.

Fazer essa ponte conceitual ajuda a ampliar as reflexões para além da ideia de identidade do OE, colocando em diálogo também a necessária discussão da dimensão da cultura na qual circulam sentidos na luta de vozes no dinâmico cotidiano das instituições educacionais.

Essa territorialidade própria pode ser fundamentada também nos chamados pilares que sustentam e fundamentam a educação: aprender a conhecer; aprender a fazer; aprender a viver e aprender a ser. O primeiro quando se apropria dos conhecimentos já produzidos, o segundo quando desenvolve as características necessárias para agir a partir do apropriado no primeiro, o terceiro quando coloca esse conhecimento na inter-relação com o outro e, por último, percebendo-se como integrante de uma estrutura complexa em que se articulam objetivos pessoais e coletivos.

A narrativa a seguir dialoga com o exposto:

> Passado todos esses anos, quando cheguei na instituição creche, logo após a conclusão da pós graduação em Gestão, Supervisão e Orientação, cheguei ao CEI (como chamamos aqui em Petrópolis) com a ideia que precisava conhecer não só o espaço e a prática pedagógica desse lugar. Mas, me apropriar dos documentos orientadores da Educação Infantil. Foi assim que me dediquei a essa nova função. Tive o cuidado de entender as concepções de infância, de creche e de currículo, entender a história das creches na Rede Municipal e sua proposta curricular, e como a creche que eu iniciava a função, era concebida e tratada cotidianamente. Foi assim que voltei meu olhar para o cotidiano da creche que passou a ser meu norte. Fiz um caderno de anotações com as percepções que saltavam aos meus olhos, que me impressionavam e que eu podia articular com as ideias que apareciam nos estudos que eu fazia (Trecho extraído das cartas).

Dessa forma, transitando entre atribuição e pertença ou identidade e territorialidade, os OEs vão buscando seu caminho para exercer a função nos CEIs. Como nos lembra Freire (1969, p. 124), "a possibilidade de admirar o mundo implica estar não apenas nele, mas com ele; é atuar de acordo com suas finalidades a fim de transformá-lo".

> Eu já tinha noção das funções do Orientador Escolar, que são várias, mas nem sempre estão bem demarcadas. O Orientador se afirma progressivamente como formador, orientando o trabalho coletivo no ambiente escolar e atua como conexão entre os indivíduos, o projeto da unidade e os conteúdos educativos (Trecho extraído das cartas).

> Estive debruçada desde muito cedo no que diz respeito aos documentos que norteavam a Educação Infantil, as diretrizes de funcionamento dos Centros de Educação Infantil, a rotina, planejamento (Trecho extraído das cartas).

Todavia, para que essa função seja considerada efetivamente é preciso que, além desse movimento de construção da identidade e territorialidade, também haja condições sistêmicas. No dicionário de verbetes do Gestrado[29] encontramos:

> Apesar da grande importância na organização do trabalho escolar, o coordenador pedagógico teve uma trajetória profissional de descontinuidade e de difícil reconhecimento nas políticas públicas brasileiras, o que afetou a constituição de sua identidade profissional. Os registros iniciais do trabalho do coordenador pedagógico datam da década de 1960, quando a coordenação ganhou força em projetos progressistas. Posteriormente, na década de 80, com a possibilidade da gestão escolar democrática, a coordenação pedagógica se fortaleceu. A partir dessa década, o coordenador pedagógico, enquanto cargo ou função (há diferenças nas formas de ingresso e escolha dos coordenadores nos estados brasileiros) passou a fazer parte de forma mais incisiva da organização escolar, atendendo a uma reivindicação antiga dos movimentos docentes organizados que há vários anos lutavam para ter nas escolas sujeitos capazes de desenvolver ações de articulação do trabalho coletivo em torno de um verdadeiro projeto pedagógico.

Será que, estando nesse mundo e com ele, quando somos chamados a responder seus desafios a partir da ação e reflexão não estamos diante da

---

[29] Criado em 2002, o GESTRADO reúne professores, pesquisadores e alunos de graduação e pós-graduação com o objetivo de analisar as políticas educacionais em ação – a gestão educacional e o trabalho docente em suas diferentes dimensões. Definição do Verbete Coordenador Escolar por Maria José da Silva Fernandes.

necessária discussão sobre a profissionalização dessa função? O trecho da carta de uma das Orientadoras que tratou da expectativa e da realidade encontrada no exercício da função destacou o sonho para tecer suas considerações.

> Sonho com uma maior união entre os profissionais para eu realmente vejam todos com igualdade, já que não há um mais importante que o outro. Somos todos parte da mesma engrenagem que precisa rodas com precisão e cadência para que tudo funcione na mais perfeita ordem. Sonho com um muito obrigado verdadeiro de toda a sociedade que vai do abraço da criança, do companheirismo dos responsáveis, do engajamento da equipe até o reconhecimento salarial dos governantes. Sonho que podemos ter uma nova realidade (Trecho extraído das cartas).

Vamos ressaltar o sonho não como algo distante, utópico, no sentido de irrealizável, mas, sim, amparando-nos em Freire, para quem o sonho está intimamente ligado à possibilidade pautada na atitude transformadora. Toda a trajetória histórica da educação infantil no município de Petrópolis, com seus desafios e suas possibilidades, que aqui estão sendo delineados, ressalta a crença de se estar sendo na história enquanto está se faz, rompendo com o determinismo, concretizando *inéditos viáveis*.

E essa concretização só é possível quando nos enchemos de esperança não no sentido de pura espera, mas naquela que nos mobiliza à luta – *Sonho que podemos ter uma nova realidade*, podendo, assim, pegar na mão dos pares rumo ao objetivo de um amanhã diferente, lutando por nossos projetos e fortalecendo-nos quando o sentimento é o expressado pela narrativa a seguir:

> Sinto-me até hoje, remando sempre contra a maré. Ora em meio à tempestade, ora em meio à calmaria. Porém, sempre contra a maré. Pois é preciso conscientizar o governo, os pais de nossos alunos, as nossas equipes, algumas vezes nossos diretores e até a Secretaria de Educação da importância da Educação Infantil na vida das crianças. O trabalho pedagógico é árduo e precisamos ter amor àquilo que fazemos, senão realmente desistimos (Trecho extraído das cartas).

A partir das narrativas é possível perceber as contradições que permeiam esse lugar entre as atribuições e a construção da pertença, gerando angústias oriundas entre o querer fazer e as condições não muito favoráveis pelas urgências impostas para agir. E estar consciente de seu papel é fundamental. Como citado, Placco *et al.* (2011) destacaram para a função os papéis de articulador e transformador. E eles não dialogam com a ideia da racionalidade técnica que muitas vezes pode estar associada ao prescrito nas atribuições. O espaço da práxis é bem mais dinâmico constituído de múltiplas significações, valores, e emoções, demandando um olhar sensível daquele que se coloca como articulador e de possíveis transformações. Essa sensibilidade pode ser percebida nas reflexões apresentadas por algumas narrativas, como podemos ver a seguir.

> As expectativas com relação à função e o cotidiano vivido, naquela época se colocavam diariamente. Ao assumir a função de orientadora, o que em primeiro lugar se colocava para mim era o trabalho pedagógico, colocar em prática junto à equipe as formações, a partir do cotidiano vivido, pois muito me assustava a quantidade de horas que uma criança permanecia nos espaços de Educação Infantil, em salas pequenas e com poucas propostas lúdicas, principalmente ao ar livre. Com relação às formações, a conquista por um espaço que as questões pudessem ser discutidas, estudadas, dialogadas foi se constituindo junto à equipe (Trecho extraído das cartas).

> Quando comecei na função de orientadora escolar tive muitas expectativas e dúvidas, sobretudo acerca de como me conduzir na instituição creche (Trecho extraído das cartas).

> Quando oportunizamos o diálogo, devemos estar preparadas para as opiniões divergentes, porém, avançamos, alinhamos o que for necessário, mas sempre com reflexões e instrumentos que legitimam nossas ações naquele espaço (Trecho extraído das cartas).

Essa racionalidade técnica talvez possa ser percebida na alteração que reorganizou a carga horária do OE em CEIs, distribuindo-a entre duas instituições. Tal momento pode ser interpretado a partir da narrativa a seguir:

> Tempos difíceis!!!! Eram 10 horas semanais para dar conta de um mundo de atribuições em cada espaço... Confesso que por inúmeras vezes pensei em desistir...

> Não me lembro exatamente em que momento, a carga horária do orientador passou a ser de 40 horas semanais, estas divididas em 20 horas em cada CEI (Trecho extraído das cartas).

Essa mudança na carga horária citada pela orientadora deu-se na atualização do PCCS em 2017, que instituiu a carga horária de 40 horas para a função, especificando que ela, sendo exercida em CEIs, deve ser dividida entre duas instituições, considerando o número de alunos atendidos. O que a racionalidade técnica não considera é a dimensão do trabalho a ser realizado, dadas as condições dessas instituições, como relatadas nas narrativas:

> A unidade, apesar de muito bem-organizada, carecia de funcionários de apoio, como por exemplo, funcionários para secretaria e atendimento ao portão. Tal situação recaia sobre mim, o que me consumia muito tempo e me deixava conflitada em relação à minha função (Trecho extraído das cartas).

> Acompanhar o trabalho pedagógico no CEI não é tarefa fácil, principalmente porque uma boa proposta pedagógica requer um número suficiente de funcionários, o que muitas vezes não é o que acontece. E assim, se por um lado a formação acontece, no dia a dia, colocar em prática, é uma outra história... como eu disse, número de funcionários insuficiente, faltas e licenças por problemas de saúde dos funcionários de apoio, ausência de professores no berçário, primeiro, segundo e terceiro períodos. Toda essa demanda torna o trabalho deficitário (Trecho extraído das cartas).

> Como foi difícil desconstruir a ideia de que Educação Infantil de qualidade não é lugar do "bonito" e sim do "feito por eles, pelas crianças". Foi difícil elaborar formações da equipe levando-se em conta a diversidade de pessoas que ali se encontravam: ex-segurança de banco, ex-cuidadora de idosos, um estudante de Biologia, balconistas, costureira e tantos outros que haviam concluído o ensino médio em formação geral" (Trecho extraído das cartas).

Essas constatações narradas pelas OEs reforçam o que já foi destacado anteriormente sobre as condições definidas nos editais de concurso para a função de educador de educação infantil. E quando entra em cena a formação continuada como atribuição do OE, compreendida na perspectiva apresentada por Placco *et al.* (2000), a complexidade da tarefa vai se tornando cada vez mais visível e a urgência em se redesenhar um caminho torna-se premente. Como se constituir como o profissional que, no exercício de sua função conseguirá, a despeito das condições existentes, produzir essa articulação crítica em seu contexto, formando e emancipando os sujeitos?

Apoiando-me novamente nos ensinamentos de Freire, temos os *inéditos viáveis*, anunciando possibilidades de romper com o determinismo, apesar de todos os desafios já aqui apresentados e também os que não foram.

Como já apresentado em alguns momentos, lá atrás foi possível olhar além das *situações limites*, buscando, coletivamente, respostas aos desafios colocados. E isso foi construído na presença do OE em CEIs e também os GEs como espaço e tempo de formação. Imbuídos desse espírito é preciso trilhar o caminho da formação continuada nesses espaços e, como exposto na narrativa a seguir, costurar o caminho, alinhavar, olhar o avesso, desfazer se for preciso, atar e desatar nós, escolher outras linhas, enfim, continuar o movimento.

> Assim fui costurando minha caminhada, fazendo esforço imaginativo de praticar a ação pedagógica/educativa da creche com os dizeres e fazeres que vinha aprendendo. Posso dizer que muitos desafios foram vencidos e apaziguados, e outros foram surgindo, mas sempre pensando e formando "minha turma" de educadores e professoras... (Trecho extraído das cartas).

Reconhecendo como atribuição essencial do OE a formação continuada pela própria característica do conhecimento que constantemente se transforma, conhecer o quê e como realizam essa função, é importantíssimo para a construção de conhecimento a respeito da função, ouvindo suas experiências, criando espaço para ressignificações desse lugar tão novo na rede municipal de ensino do nosso município. E no cenário de mudança no qual se insere a educação infantil, a figura desse profissional torna-se estratégica para a organização do trabalho que articula o cuidar e o educar como funções indissociáveis, transformando as concepções sobre a criança e tudo que a envolve.

Nesse sentido, seguimos com a narrativa anterior "[...] para conceber uma prática que pudesse valorizar a criança e sua potencialidade, que pudesse romper com a preparação para o ensino fundamental e que criasse seu repertório particular de ser e estar no mundo" (Trecho extraído das cartas). E complementando com a narrativa de outra orientadora sobre esse lugar da orientação escolar em CEIs, temos:

> Pude perceber que muitos são os fazeres e funções do Orientador Escolar em CEIs e notei que uma das principais ações era a promoção da formação continuada dos docentes e edu-

> cadores. Uma formação que precisava ser realizada como "formação centrada no CEI", buscando articulação do trabalho pedagógico voltado às necessidades e anseios dos profissionais (Trecho extraído das cartas).

A partir dessa afirmação, que destaca a "formação centrada no CEI, buscando articulação do trabalho pedagógico voltado às necessidades e anseios dos profissionais", abrimos uma nova seção para dar destaque às duas questões consideradas estruturantes deste estudo: as memórias sobre a formação continuada e o GE como espaço/tempo para que esta formação aconteça.

IV.II NARRANDO AS EXPERIÊNCIAS DA FORMAÇÃO CONTINUADA

O atendimento em creches e pré-escolas como um direito social das crianças concretiza-se na Constituição de 1988, com o reconhecimento da educação infantil como dever do Estado com a educação, sendo que a partir desse novo ordenamento legal, creches e pré-escolas passaram a construir nova identidade na busca de superarem os posicionamentos assistencialistas ou as práticas preparatórias para etapas educacionais posteriores. Busca-se, então, o fortalecimento de práticas pedagógicas mediadoras de aprendizagens e do desenvolvimento das crianças, práticas essas que força a uma nova regularização do funcionamento das instituições quanto aos projetos cotidianos desenvolvidos junto às crianças e aos saberes e fazeres dos professores.

Essa regularização, pautada na n.º LDB n.º 9.394/96, que disciplina o caráter institucional da educação, devendo os sistemas de ensino definir e orientar, com base em critérios pedagógicos, o calendário, os horários e as demais condições para o funcionamento das creches e pré-escolas, configurando-se como espaço de educação coletiva fora do contexto familiar, embora suas ações sejam compreendidas como complementares.

> As creches e pré-escolas se constituem, portanto, em estabelecimentos educacionais públicos ou privados que educam e cuidam de crianças de zero a cinco anos de idade por meio de profissionais com a formação específica legalmente determinada, a habilitação para o magistério superior ou médio, refutando assim funções de caráter meramente assistencialista, embora mantenha a obrigação de assistir às necessidades básicas de todas as crianças (Brasil, 2009, p. 4).

NARRAR O VIVIDO, NARRAR O NARRADO:
EXPERIÊNCIAS E MEMÓRIAS DE ORIENTADORES ESCOLARES NA EDUCAÇÃO INFANTIL

Tais instituições devem proporcionar às crianças oportunidades para ampliarem as possibilidades de aprendizado e de compreensão de mundo e de si próprias, com oportunidade de acesso a bens culturais e a garantia de vivências da infância. Sendo assim,

> [...] a proposta pedagógica das instituições de Educação Infantil deve ter como objetivo principal promover o desenvolvimento integral das crianças de zero a cinco anos de idade garantindo a cada uma delas o acesso a processos de construção de conhecimentos e a aprendizagem de diferentes linguagens, assim como o direito à proteção, à saúde, à liberdade, ao respeito, à dignidade, à brincadeira, à convivência e interação com outras crianças. Daí decorrem algumas condições para a organização curricular (Brasil, 2009, p. 9).

Essa organização demanda tomar os tempos e os espaços do cotidiano das instituições de educação infantil como elementos estruturantes organizadores das experiências infantis. O mesmo documento supracitado destaca a importância da formação dos professores, como já destacado anteriormente, e também a garantia da formação continuada dos professores e demais profissionais como condição para refletir sobre os fazeres da educação infantil no sentido de mediar a aprendizagem e o desenvolvimento das crianças considerando suas singularidades.

Dada à complexidade dessa realidade, são necessários profissionais cônscios da função sociopolítica da educação, capazes de realizar um trabalho pedagógico afinado às concepções de educação infantil definidas com base nos conhecimentos construídos na contemporaneidade.

E para além da formação inicial já apresentada, a formação continuada a partir do cotidiano das instituições vai abrindo caminhos para o partilhamento de saberes, mobilizando também conhecimentos já reconhecidos e legitimados numa perspectiva dialógica, ressaltando aqui a ação/reflexão/ação ou prática/teoria/prática.

Para que as instituições educacionais conquistem o status de lócus de formação continuada e em serviço de professores e demais profissionais, requer-se de todos a criação de uma cultura de formação, de acolhimento, a um projeto de formação. Essa cultura configura-se como um desafio a ser superado na instituição por todos os envolvidos, com base a adoção consciente e comprometida de um projeto de formação continuada capaz de revelar-se como importante caminho para se problematizar muitas das questões e tensões que permeiam não só os contextos educacionais, mas também os sociais.

Para tanto, destaca-se a importante atuação do OE para a organização coletiva do trabalho pedagógico, principalmente se analisarmos todo o histórico da educação infantil no cenário brasileiro, considerando sua contribuição no acompanhamento didático-pedagógico, na formação continuada e na integração dos profissionais, nas relações, na leitura das necessidades da comunidade escolar, entre tantas outras.

De modo a situar a questão, porém com a preocupação de não apresentar de forma exaustiva a produção científica já amplamente conhecida, deter-me-ei aqui em apenas definir sob que ponto de vista as argumentações são colocadas e em quem fundamentamos nosso olhar.

Apoiar as reflexões em autores como Marcelo Garcia (1999), Freire (2000), Imbernón (2009, 2011) e Nóvoa (1992, 2009) permite-nos deduzir que a formação continuada no espaço escolar tem o potencial de promover o diálogo com a realidade, efetivando o desenvolvimento profissional, criar condições para que os professores construam coletivamente o projeto pedagógico das instituições, favorecendo o entrelaçamento entre teoria e prática, para que elas estejam coerentes com as necessidades de cada contexto. E a estruturação de momentos destinados a essa formação é essencial para a produção de saberes dos sujeitos envolvidos, em seus contextos de atuação com seus pares.

Embora Marcelo Garcia (2009) opte pelo conceito de desenvolvimento profissional de professores por considerar que a denominação adeque-se melhor à concepção do professor enquanto profissional do ensino, uma vez que para ele o conceito de desenvolvimento tem uma conotação de evolução e continuidade, superando, assim, o tradicional posicionamento entre formação inicial e formação contínua dos professores, podemos inferir que o conceito defendido pelo autor guarda semelhança com formação continuada, uma vez que, para ele,

> [...] o desenvolvimento profissional docente inclui todas as experiências de aprendizagem natural e aquelas que, planificadas e conscientes, tentam, directa ou indirectamente, beneficiar os indivíduos, grupos ou escolas e que contribuem para a melhoria da qualidade da educação nas salas de aula. É o processo mediante o qual os professores, sós ou acompanhados, revêem, renovam e desenvolvem o seu compromisso como agentes de mudança, com os propósitos morais do

ensino e adquirem e desenvolvem conhecimentos, competências e inteligência emocional, essenciais ao pensamento profissional, à planificação e à prática com as crianças, com os jovens e com os seus colegas, ao longo de cada uma das etapas das suas vidas enquanto docentes (Day, 1999, p. 4 *apud* Garcia, 2009, p. 4).

O autor considera que o desenvolvimento profissional docente apresenta características próprias e muito significativas, defendendo-o como um processo em longo prazo, que reconhece que os professores aprendem ao longo do tempo, permitindo que as experiências sejam mais eficazes quando os professores relacionam-nas com os seus conhecimentos prévios por isso, que esse processo deve pautar-se no construtivismo e não em modelos transmissivos. Assume-se como um processo que tem lugar em contextos concretos que se baseiam na escola e que se relacionam com as atividades diárias realizadas pelos professores baseados em seus conhecimentos prévios e que, partir de uma reflexão acerca da sua experiência constrói novas teorias e novas práticas pedagógicas.

Corroborando os pensamentos de Marcelo Garcia, Imbernón (2009, 2010, 2011) defende que a formação permanente, conceito muito encontrado em seus estudos, deve incidir sobre as situações problemáticas dos professores em seus contextos, considerando as especificidades de cada realidade por meio de um trabalho colaborativo docente, sendo o clima afetivo ponto fundamental do processo.

Assim, é fundamental que esse processo de formação ocorra nos espaços escolares, com base em uma reflexão sobre a prática que cria condições para que os docentes busquem soluções para as situações caracterizadas como problemáticas e, a partir delas, construir seus conhecimentos, partindo da prática para a teoria e não da teoria para a prática, rompendo com o modelo tradicional.

> Trata-se de abandonar o conceito tradicional de que a formação continuada de professores é a atualização científica, didática e psicopedagógica, que pode ser recebida mediante certificados de estudo ou de participação em cursos de instituições superiores, de sujeitos ignorantes, em benefício da forte crença de que esta formação continuada deva gerar modalidades que ajudem os professores a descobrir sua teoria, a organizá-la, a fundamentá-la, a revisá-la e a destruí-la ou construí-la de novo (Imbernón, 2010, p. 47).

Os estudos de Nóvoa também afloram com o objetivo de romper com a concepção tradicional de formação continuada. Encontramos bastante o termo formação contínua ao tratar da temática e, para ele, essa "formação não se constrói por acumulação (de curso, de conhecimentos ou de técnicas), mas sim através de um trabalho de reflexividade crítica sobre as práticas e de (re)construção permanente de uma identidade pessoal" (Nóvoa, 2002, p. 57).

Tal quais os autores anteriores, Nóvoa (1992, 2009) também ressalta a importância dessa formação ocorrer na escola, possibilitando ao professor investigar sua própria prática junto aos seus pares, num contexto coletivo de trabalho em que as necessidades e os problemas do fazeres cotidianos são tomados como na perspectiva da práxis, considerando as experiências e a visão de mundo de todos os envolvidos.

A compreensão de que a educação deve ser um bem público e um direito humano associa-a e fortalece outras dimensões, tais como justiça social, dignidade, inclusão, expressando o compromisso com uma educação de qualidade que promova a melhoria dos resultados de aprendizagem em todas as dimensões.

E não se configura como nenhuma novidade que a qualidade da oferta educativa tem como um de seus pontos cruciais a necessidade do reconhecimento daqueles que a tornam possível, pautando-se em professores com boa formação, considerando tanto a formação inicial quanto a continuada, além dos demais aspectos relacionados à valorização docente, como: remuneração, condições de trabalho, possibilidade de desenvolvimento profissional, entre tantos outros.

Para refletir sobre o hoje é importante considerar traços histórico-culturais que permeiam as concepções e as práticas educacionais com seus impasses e problemas que há muito se repetem, bem como os que emergem frente aos novos cenários, e pautar o olhar sobre o contexto da educação infantil faz-nos levantar questões relevantes para reflexão, dada a condição de ainda se estar em processo de concretização dela como primeira etapa da educação básica. Isso nos permite compreender de forma mais ampla as questões que se confrontam no cenário que se coloca.

Um exemplo a se considerar é a questão já bastante destacada da formação continuada para profissionais que trabalham diretamente com as crianças em instituições educacionais, porém muitas vezes não têm a formação mínima para a função docente, e o quanto isso ressalta alguns dos impasses que hoje encontramos. Assim, para agir conscientemente é fundamental que as problematizações sejam pautadas em pontos de referência específicos. Anuncia-se como aspecto importante a formação continuada, mas no recorte específico como o exposto, como fazer? Como criar condições para as mudanças a partir de evidentes contradições?

Não à toa, essa questão foi assim narrada por uma orientadora ao relatar suas primeiras experiências com a formação continuada em CEI:

> Bem, a parte de formação continuada das equipes dos Centros de Educação Infantil foi inicialmente um desafio. Primeiramente porque o concurso para educadores não exigia qualquer tipo de conhecimento na área de educação, sofremos com a interferência do sindicato onde impunha aos educadores qual a função deles era ou não era aquela. Alguns educadores eram muito resistentes às mudanças (Trecho extraído das cartas).

O trabalho pedagógico é a essência do trabalho dos professores, que precisa ser aprendido e que já tem conhecimentos profissionais consolidados. Como compreender, então, a situação de profissionais que desenvolvem esse trabalho e, em tese, não têm esses conhecimentos?

A trajetória histórica da educação inicial escolar mostra-nos que ela demorou a se expandir no nosso país. Consequentemente, o processo formativo dos professores acompanhou a lentidão com que a educação básica desenvolveu-se e a figura do professor leigo já esteve presente nas várias etapas educacionais em diferentes momentos, cenário que hoje se encontra na primeira etapa da educação básica.

A LDB n.º 9.394/96 trata da formação de professores em capítulo específico, cuja redação de alguns artigos tem sofrido alterações ao longo dos anos. Essa Lei propõe a formação de todos os professores para a educação básica em nível superior, à época, fixando prazo de 10 anos para realização dessa proposta. No entanto, em 2013, por alteração na LDB, volta-se a admitir, sem restrições, a formação de docentes para a educação infantil e primeiros anos do ensino fundamental na modalidade normal em nível médio, pela Lei n.º 12.796/2013 (Brasil, 2013), o que foi reafirmado pela Lei n.º 13.415/2017 (Brasil, 2017).

Entretanto nem isso é garantido, ainda o que muito contribui para cunhar a identidade da educação infantil, esmaecendo a força social dos profissionais que atuam nessa etapa educacional, aspectos que pode ser considerado problemático tanto para a educação das crianças quanto para a valorização docente, fragilizando o cenário como um todo.

Tais questões precisam ser tensionadas pelos diferentes segmentos da sociedade de modo a buscar caminhos outros que auxiliem na busca de alternativas mais coerentes com o proposto para a educação de crianças de 0 a 5 anos de idade. Não podemos ser condescendentes com improvisações para suprir a demanda educacional sob a pena de que o projeto educacional fracasse em seus propósitos. A ampliação do acesso é fato, mas é imperioso que não se deixe a desejar na qualidade da oferta, tais dimensões, acesso e qualidade, não podem ser encarados como polos opostos. Em relação à educação infantil é possível perceber que visões sobre sua finalidade contrapõem-se, há distintas narrativas em disputa e que isso tem seus reflexos no que tange à formação de seus profissionais.

A concepção de educação infantil defendida pela LDB n.º 9.394/96 coloca essa etapa educacional e os profissionais que nela atuam em outro patamar, buscando distanciá-la do viés assistencialista que muito a marcou. Todavia esse ideal ainda precisa ser concretizado, lutando contra o discurso abstrato que muitas vezes ecoa entre nós.

> Na legislação brasileira atual está configurado que o trabalho de professor deve assentar- se em uma visão de conjunto do cenário social em que atua ou atuará, bem como das situações locais, que sejam portadores de conhecimentos sobre o campo educacional e sobre práticas relevantes a esse campo, e mais, necessitam ter, além de uma formação científica e cultural apropriada, uma formação didático-pedagógica sólida e que atuem com ética e consideração pelas diversidades (Brasil, 2015, s/p).

Encontramo-nos aqui diante da questão da constituição da profissionalidade docente, conceito que vem se mostrando importante na discussão da construção da própria profissionalização do trabalho de professores. Gimeno-Sacristán (1993, p. 74) define a expressão como "especificidade da atuação dos professores na prática, isto é, o conjunto de atuações, destrezas, conhecimentos, atitudes e valores ligados a elas que constituem o específico de ser professor". Considera, ainda, que a constituição da profissionalidade docente demanda formação inicial consistente e formação continuada como ampliação e atualização.

Gatti (2019, p. 41) destaca que "o exercício da docência é um trabalho complexo, realizado com e sobre pessoas, com suas finalidades, intencionalidades, formas de engajamento, prescrições, programas". Em consequência, a formação para esse trabalho também é complexa, pois deve propiciar a construção de mudanças conceituais e de práticas (Gatti, 2019, p. 41). A autora segue definindo que professores são profissionais de ensino e que ensino pode ser tratado em diferentes concepções. E isso aparece muito fortemente na primeira etapa da educação, quando sua finalidade constitui-se como cuidar e educar crianças de 0 a 5 anos de idade.

Esse rico cenário da educação infantil transforma-se e com isso impulsiona mudanças significativas nos papéis daqueles que nele atuam, partindo do pressuposto que o perfil de tais profissionais passou por significativas mudanças resultantes das transformações ocorridas na legislação educacional brasileira das últimas décadas, que asseguram a educação como direito que visa ao pleno desenvolvimento da pessoa e sua inserção aos bens culturais, da creche ao ensino médio. Especificamente em relação à educação infantil, sua finalidade é o desenvolvimento integral da criança de até 5 anos de idade, em seus aspectos físico, social, intelectual e psicológico. E essa criança e suas especificidades são o centro do fazer pedagógico, como define as DCNEIs:

> Art. 4º As propostas pedagógicas da Educação Infantil deverão considerar que a criança, centro do planejamento curricular, é sujeito histórico e de direitos que, nas interações, relações e práticas cotidianas que vivencia, constrói sua identidade pessoal e coletiva, brinca, imagina, fantasia, deseja, aprende, observa, experimenta, narra, questiona e constrói sentidos sobre a natureza e a sociedade, produzindo cultura (Brasil, 2009, p. 1).

E para compreender e agir nesse novo contexto, a formação é o caminho que auxilia os passos, que desloca os olhares, que agrega novas práticas. E aqui apoio-me na afirmação de Gatti (2019 p. 43), quando diz que

> [...] outro ponto a considerar é a visão de que o papel do formador é absolutamente central, ou seja, os formadores têm função essencial. Qualquer que seja o tipo de relação estabelecida e as formas dos processos educativos o formador é figura imprescindível. Os insumos, a infraestrutura, são condições necessárias, mas, não suficientes para a implementação de processos formativos.

E a dimensão de formação aqui considerada é aquela que leva em conta tanto o indivíduo como sujeito social quanto profissional. Anteriormente foi colocado que para agir conscientemente é fundamental que as problematizações sejam pautadas em pontos de referência específicos. E o ponto a ser considerado aqui é o real lugar da educação infantil como primeira etapa da educação básica e quem são e o que fazem os profissionais que nela atuam, considerando-os como sujeitos sociais e profissionais. São políticas educacionais que precisam ser postas e operacionalizadas.

Sabemos que as políticas educacionais são atravessadas por influências diversas, direta ou indiretamente dos contextos políticos ideológicos, que a descontinuidade é uma realidade em nossa sociedade e que a linearidade entre intenções e práticas dificilmente é mantida. Mas Costa (2018, p. 377), ao reportar-se a Freire, provoca-nos a inquietarmo-nos, conhecendo as questões que constroem a lógica para contrapô-la, problematizá-la, a partir do diálogo.

Podemos afirmar que a concepção de educação infantil almejada pelos movimentos nacionais em prol das infâncias nas últimas três décadas deu passos importantes com a criação de marcos legais que reconhecem os direitos à educação de todas as crianças, comprometendo-se com a equidade. Mas isso não significa que está consolidado. Sofre as influências já mencionadas e é esse sentido de inacabamento freireano que nos impele a fazer mais ao depararmo-nos com o que definiu como *inédito viável*, forçando-nos a acreditar na possibilidade de mudança para que ela seja possível.

E o ponto nodal que está relacionado à formação dos professores na primeira etapa da educação básica ainda tem muitos elementos a serem considerados. A formação inicial é essencial para a necessária fundamentação teórica pautada nos fundamentos da educação, todavia a continuada possibilita uma prática refletida a partir do contexto real das instituições educacionais, que não substituirá a formação inicial. Se isso ocorrer, teremos um docente sem a fundamentação teórica necessária para discutir a educação e um profissional pronto somente para cumprir tarefas e adotar soluções das quais ele desconhece o impacto e o alcance educacional.

Como uma proposta de aproximar o quadro funcional dos CEIs em relação à formação dos agentes de apoio à educação infantil ao mínimo proposto pela legislação, em 2009, o município de Petrópolis adere ao Programa de Formação Inicial para Professores em Exercício na Educação Infantil (Proinfantil), um curso ofertado a distância, em nível médio e na modalidade Normal, para formação de professores de creches e pré-escolas sem a formação específica exigida para o magistério, sendo realizado pelo MEC em parceria com os estados e os municípios interessados.

Esse programa teve início em 2005, com o Grupo Piloto, em quatro estados: Ceará, Goiás, Rondônia e Sergipe, sob a coordenação da Coordenadoria de Ética e Disciplina (Coedi), responsável pela implantação e pelo acompanhamento do programa, pela formação de tutores e de professores formadores, entre outras atribuições. Em 2011, esse programa formou em Petrópolis 26 educadores de educação infantil, entretanto nem de longe aproximamo-nos do estabelecido pela 6ª meta do Plano Nacional de Educação (PNE) 2001-2010, que diz que "a partir da vigência do Plano, somente serão admitidos na docência da Educação Infantil os profissionais que possuam a titulação mínima em nível médio, modalidade normal, dando-se preferência à admissão de graduados em curso específico e nível superior".

Como já visto, o edital do concurso do ano de 2011 para a função fez exigência do nível ensino médio, porém sem a formação específica de magistério modalidade Normal. Essas breves reflexões situam-nos na complexidade da temática formação de professores quando se trata do cenário da primeira etapa da educação básica.

Consequência de nossa cultura política, com gestões governamentais pouco preocupadas com a educação básica popular, chegamos aos dias de hoje ainda com carências significativas apesar dos avanços já conseguidos, como destacado:

> À época, início dos anos trinta do século passado, nesse documento acrescenta-se que: "a preparação dos professores é tratada entre nós de maneira inteiramente descuidada [...] como se a função educacional, de todas as funções públicas a mais importante, fosse a única para cujo exercício não houvesse necessidade de qualquer preparação profissional" (Azevedo *et al.*, 2010, p. 9 *apud* Gatti *et al.*, 2019, p. 50).

Ainda hoje, essa reflexão chama-nos a atenção quando consideramos as condições de formação e o trabalho dos professores. Quanto à primeira etapa da educação básica, principalmente na faixa etária de creche, são realizadas improvisações, alternativas paliativas para o atendimento. Mais *situações-limites* colocam-se, mas ao invés de aceitá-las fatidicamente devemos desenvolver o pensamento crítico da denúncia dessas situações numa pedagogia do anúncio de um *inédito viável* a ser buscado e experenciado.

Se a complexa situação em relação à formação dos profissionais da educação infantil impõe barreiras importantes, não podemos perder de vista o *sonho possível* freireano que diz respeito à atitude crítica orientada pela convicção de que as *situações-limites* podem ser modificadas. Nesse caso, o sonho é de ver garantida às crianças de 0 a 5 anos uma educação infantil que atenda aos anseios expressos nas intenções dos estudos e documentos que sustentam as propostas construídas.

Tendo em mente as considerações do parágrafo anterior, apesar do imbróglio envolvendo a formação inicial dos profissionais, a formação continuada é uma vertente também desejável no âmbito educacional, uma vez que é pautada pela busca de conhecimentos outros na constante reflexão sob novas perspectivas. Valorizar a construção do conhecimento do professor gera saberes em interação com a prática pedagógica, oportunizando ao professor refletir sobre sua ação no ato concreto de seu fazer.

Não à toa, a literatura específica e a legislação educacional compreendem a formação continuada como componente essencial da profissionalização, integrando-a ao projeto pedagógico da instituição de educação básica e ao cotidiano escolar. Essa vertente toma fôlego no cenário da formação de professores, e aqui situaremos os estudos de Nóvoa e Candau (1997) irrepetível para contextualizar a questão, considerando formação continuada em serviço como possibilidade de enfrentamento coletivo, com maior segurança dos desafios postos pela educação contemporânea e suas reais necessidades, e que os problemas são comuns a todos que dela fazem parte.

O lócus dessa formação é a própria instituição educacional em que há a oportunidade de refletir sobre a prática na prática, relacionando com teorias que contribuem para a ressignificação de conhecimentos que possibilitam uma atitude ativa perante seu fazer.

Fortalecer a ideia da formação continuada como algo necessário e relevante precisa ser primeiramente reconhecido e valorizado por todos os profissionais, o que exige uma mudança de postura a partir da qual reconhecem que seus saberes transformam-se e ampliam-se. Ao conceituar a formação continuada, é necessário compreendê-la como um processo de formação profissional para quem já concluiu sua formação inicial e exerce sua profissão. Assim, a formação continuada é voltada para o profissional que está inserido em um contexto profissional e tem como finalidade mediar o conhecimento socialmente acumulado em uma perspectiva transformadora da realidade. Aqui não é entendida como um meio de acumulação (de cursos, palestras, seminários etc., de conhecimentos ou de técnicas), mas uma postura crítica sobre a prática.

Contudo ressalto que a despeito do já apresentado anteriormente quanto às características de formação de parte dos profissionais da educação infantil, é importante se perguntar se as instituições dispõem de um coletivo que compartilhe essa postura. Tentar superar esse dilema é apostar no *inédito viável*, adequando forma e conteúdo diante dos impasses. As narrativas a seguir sinalizam o movimento para que essa cultura seja construída.

> Como orientadora sempre me preocupei em mostrar para toda a equipe que a nossa atuação enquanto educador naquele espaço precisa ser refletida sim (Trecho extraído das cartas).

> Procuro sempre estar em contato com a equipe através de conversas informais para inserir em minhas propostas de formação, além de um assunto que eu e as diretoras julguemos como necessidade do grupo, uma fundamentação teórica sobre um assunto, também assuntos que sejam parte da realidade delas, dúvidas e dificuldades que elas relatam no dia a dia. Busco também propor atividades práticas e um diálogo constante para que todas se sintam parte do processo (Trecho extraído das cartas).

À luz do exposto, acredito que criar possibilidades de se repensar os fazeres no/do/com o cotidiano configura-se como uma forma potente de formação continuada, uma vez que os próprios saberes dos sujeitos serão postos em diálogo, podendo ser problematizados e repensados coletivamente. A isso se denomina *saber de experiência feito*, conceito freireano que representa uma importante contribuição para a valorização do senso comum para que se perceba criticamente o que nele há de bom senso. Esse traduz a leitura de mundo dos profissionais e não só pode como deve ser tomado como ponto de partida para reflexões e, se for o caso, superação.

Sempre podemos analisar nossas ações perguntando-nos pelas intenções que as cercam, fazendo um esforço de pensamento e reflexão. É o que Nóvoa (1991, p. 30) ressalta quando diz que "a formação continuada deve alicerçar-se numa [...] reflexão na prática e sobre a prática, por meio de dinâmicas de investigação-ação e de investigação-formação, valorizando os saberes de que os professores são portadores".

A citação a seguir corrobora o que foi exposto:

> Com o esforço intelectual e o método necessários à explicitação das teorias presentes em certa prática, na verdade, estaremos tentando construir uma teoria nossa para favorecer

o diálogo entre nossa experiência e os autores. Construímos nossa teoria ao aprendermos a ler nossa experiência propriamente dita e experiências em geral. Construímos nossa teoria quando fazemos perguntas às experiências, aos autores; quando não nos satisfazemos com as primeiras respostas e com as aparências e começamos a nos perguntar sobre as relações, os motivos, as consequências, as dúvidas, os problemas de cada ação ou de cada contribuição teórica. A construção de nossa teoria exige que coloquemos perguntas à nossa prática. Quanto maior for nossa habilidade para ler nossa experiência, maior será nossa habilidade para compreender 10 autores. Assim, conhecimento e experiência auxiliam nossa compreensão sobre nossa própria prática (Christov, 2003a, p. 33).

Essa afirmação do autor dialoga com a narrativa a seguir: "Acredito que o desenvolvimento da nossa formação e avanço enquanto profissional só consolida enquanto estamos colocando em prática o que sabemos e estudando sempre" (Trecho extraído das cartas).

Sobre a questão de a escola ser lócus de formação continuada, Candau (1997, p. 57) afirma:

Neste sentido, considerar a escola como lócus de formação continuada passa a ser uma afirmação fundamental na busca de superar o modelo clássico de formação continuada e construir uma nova perspectiva na área de formação continuada de professores. Mas este objetivo não se alcança de uma maneira espontânea, não é o simples fato de estar na escola e de desenvolver uma prática escolar concreta que garante a presença das condições mobilizadoras de um processo formativo. Uma prática repetitiva, uma prática mecânica não favorece esse processo. Para que ele se dê, é importante que essa prática seja uma prática reflexiva, uma prática capaz de identificar os problemas, de resolvê-los, e cada vez as pesquisas são mais confluentes, que seja uma prática coletiva, uma prática construída conjuntamente por grupos de professores ou por todo o corpo docente de uma determinada instituição escolar.

Pela via indicada, o dilema da falta de formação inicial específica para o magistério seria superado (amenizado), pois toma como ponto de reflexão não uma teoria específica, mas os saberes que circulam entre os sujeitos das instituições, de acordo com suas realidades e necessidades levantadas por todos que delas fazem parte. Assim, é possível, *amorosamente*, reconhecer simultaneamente seu saber e seu ainda não saber, indicando que todo conhecimento pode ser ampliado e todo saber, ou não saber, redefinido. Esteban, (2000, p. 6) afirma que "todo conhecimento, como todo desconhecimento, é provisório e parcial, o que permanece é o ainda não saber, que revela a possibilidade e a necessidade de novos e mais profundos conhecimentos". O exposto nas narrativas a seguir dialoga com os pensamentos da autora:

> Para garantir o processo formador foi preciso aproveitar os conhecimentos prévios da equipe e mediar o desenvolvimento e construção de conhecimentos de forma coletiva. Desse modo, junto ao grupo buscamos contribuir para construir uma instituição aberta à evolução e à sistematização de novos saberes (Trecho extraído das cartas).

> A formação continuada é fundamental para a educação, pois demonstra que a equipe comprometida com o processo de ensino-aprendizagem. Para garantir o processo formador foi preciso aproveitar os conhecimentos prévios da equipe e mediar o desenvolvimento e construção de conhecimentos de forma coletiva. Desse modo, junto ao grupo, buscamos contribuir para construir uma instituição aberta à evolução e à sistematização de novos saberes (Trecho extraído das cartas).

Ao fazer a afirmação é possível considerar que a autora citada fundamenta-se numa metáfora para o conceito de fronteira. A metáfora dá-nos essa possibilidade e Paulo Freire impele-nos a fazer uso dessa figura de linguagem, pois nos permite a transposição de significados. Assim, o significado de fronteira, que num sentido literal define-se como uma linha física ou artificial cujo objetivo é a separação de áreas ou até mesmo a marcação de limites, na perspectiva metafórica substitui a imobilidade pela fluidez, o que nos contornos deste estudo representaria o movimento entre o saber e o ainda não saber dos educadores de educação infantil na construção de novos saberes para sua prática.

Nessa fronteira, a partir da postura dialógica que a formação coletiva demanda, há a possibilidade do processo de construção de conhecimentos outros, possíveis e necessários. Quando a narrativa supracitada destaca a mediação com base em conhecimentos prévios podemos inferir que a postura adotada é a de olhar a potência do conhecimento que já existe e ele como possibilidade de construção de conhecimentos outros a partir da reflexão sobre eles.

O espaço e o tempo desses saberes e ainda não saberes dá-se no cotidiano das instituições, contexto profícuo para o diálogo, pois é onde a vida acontece, havendo o encontro de pessoas diferentes para realizarem um projeto educacional coletivo.

A importância de estudos voltados para o cotidiano das instituições educacionais ganha força com o fortalecimento das abordagens qualitativas de pesquisas pelo reconhecimento de que por meio do cotidiano é possível conhecer as especificidades das experiências que ocorrem no interior das instituições e não somente por ele configurar-se como lugar de coleta de dados. Os estudos sobre o cotidiano caracterizam-se por desvendar a dinâmica das práticas e das relações sociais no contexto em que foram geradas.

Para além da configuração do cotidiano como categoria teórica para pesquisas, aqui ressalto a sua potência para a formação continuada quando ela debruça-se sobre sua dinâmica, fazendo dali emergir suas questões. Podemos assim considerar seu duplo poder: ser ele mesmo elemento de retroalimentação de saberes ou constituir-se como um modo de aproximação das instituições educacionais, com o intuito de melhor compreender o que nelas acontece concretamente, pesquisando o cotidiano, o que Inês Barbosa de Oliveira denomina nos/dos/com os cotidianos.

Na reflexão da prática é que se articulam os conceitos teóricos, que se desencadeiam as soluções dos problemas e, principalmente, são sentidas as necessidades educativas. Para tanto, a formação continuada dos profissionais é imprescindível, pois para articular teoria e prática há a necessidade de muita reflexão e de muito estudo sobre o/do/no/com o cotidiano das instituições educacionais. Nesse contexto formativo, a produção do conhecimento vem do ato reflexivo, favorecendo a relação teoria-prática e suas conexões.

Podemos considerar que o cotidiano dos CEIs é um balaio no qual estão dispostos as linhas, agulhas, tesouras, botões, colchetes, tecidos e tantos outros materiais que, por sua natureza, necessitam um do outro, mas, a depender da maneira como estão dispostos, podem gerar nós que não se desatam, dificultando a continuidade da tessitura. E são com os elementos desse balaio que o OE lida no processo de formação continuada da equipe.

> Ao assumir a função de orientadora, o que em primeiro lugar se colocava para mim era o trabalho pedagógico, colocar em prática junto à equipe as formações a partir do cotidiano vivido, pois muito me assustava a quantidade de horas que uma criança permanecia no espaço de Educação Infantil, em salas pequenas e com poucas propostas lúdicas (Trecho extraído das cartas).

Essa narrativa pode ser complementada por outra observação da mesma orientadora: "O que observo, na maioria das vezes, é que muito do que me parece óbvio, nas discussões fica evidente o quanto não é tão óbvio assim" (Trecho extraído das cartas).

Considerar a questão da obviedade mencionada na narrativa leva--nos a refletir sobre seu conceito, que pode ser definido como algo fácil de entender, lógico, evidente. Entretanto o que a experiência da orientadora ressalta é de que o óbvio precisa ser dito.

E na esteira das reflexões tecidas trago para a roda dois conceitos que alimentam muitas controvérsias – cuidar e educar –, mas que além de serem definidos legalmente como função indissociável da educação infantil, também podem ser considerados como óbvios quando falamos das necessidades da criança pequena. "Não existe ação consolidada que permita avanços frente ao cuidar e educar que não passe pelo conhecimento, estudo" (Trecho extraído das cartas).

A narrativa de uma orientadora pode apresentar outro fio para a tecitura de nossas reflexões acerca do já exposto quando apresenta sua experiência no início da função no CEI:

> O início foi muito desafiador, a maior parte de minha experiência profissional havia sido em escola e eu me vi em um CEI, com ensino integral e crianças muito pequenas. Algumas turmas sem professores, planejar atividades que não seriam eu a pessoa que iria aplicá-las, os momentos de formação para os educadores... Tudo muito diferente do que já havia feito antes (Trecho extraído das cartas).

Partir dessa última frase, "tudo muito diferente do que já havia feito antes" é pensar a partir das estruturas fabricadas pela nossa história acerca da instituição escola. Quando entra em cena a educação infantil como primeira etapa da educação básica com todas as suas questões, torna-se urgente e necessário problematizar as referências constituintes dos saberes e das práticas educacionais de modo a buscar alternativas para outras formas de pensar e organizar a educação da faixa etária atendida.

Num primeiro momento, essa estrutura fabricada pretende a reprodução da lógica escolar que, dadas as circunstâncias históricas que circunscrevem a educação infantil, vão sendo impossibilitadas, forçando a problematização por meio de movimentos em busca de alternativas.

Nesse sentido, os estudos decoloniais podem ajudar a compreender o que destacou como relações de colonialidade que se reproduzem com base nas dimensões: a colonialidade do poder, do saber e do ser. É preciso considerar, então, as raízes coloniais de nossas referências teóricas da produção do conhecimento.

Não estou aqui dizendo que não há conhecimento produzido acerca da educação infantil, muito pelo contrário. Há e muito. Entretanto esse lugar ainda é um lugar de disputa.

IV.III AS NARRATIVAS E UMA NOVA MIRADA – PERSPECTIVAS DECOLONIAIS

Em algum momento do texto referi-me à frase "não há caminho, o caminho se faz ao caminhar". E ela tornou-se verdadeiramente apropriada no processo de sua elaboração, pois o caminhar produziu modificações importantes nas perspectivas originais do projeto em decorrência da pandemia da Covid-19, como já explicitado, mas também na recolocação do olhar sobre alguns aspectos do estudo a partir da escuta das vozes que se anunciaram.

Ao propor como metodologia para a produção de dados o diálogo com os sujeitos desta pesquisa baseado nas cartas pedagógicas, as respostas seriam os fios condutores para as reflexões. Porém, ainda que as cartas tivessem questões a serem refletidas pelas destinatárias, como cada uma escreveria a partir de suas experiências, as respostas traziam interpretações do vivido muito particulares, enriquecendo e conduzindo este estudo no seu caminhar.

Assim, quando terminei a seção anterior ressaltando a fala de uma orientadora – "Não existe ação consolidada que permita avanços frente ao cuidar e educar que não passe pelo conhecimento, estudo" (Trecho extraído das cartas) – evidenciei a função para a primeira etapa da educação básica e coloquei-me a refletir sobre as várias questões levantadas ao longo da pesquisa com base nos estudos teóricos e nas narrativas das participantes.

Embora meus estudos no mestrado tenham sido pautados nas discussões sobre espaço e lugar na perspectiva das possibilidades de organização e dos usos para os fazeres na educação infantil, esses conceitos novamente povoaram minhas reflexões, mas agora sob outras perspectivas. Passei a perguntar-me sobre o lugar que a educação infantil ocupa neste espaço/tempo, o que Freire (Freitas, 2001) considerava historicidade da existência, que se caracteriza como educação básica.

Até a promulgação da LDB n.º 9.394/96, o atendimento às crianças da faixa etária que hoje corresponde à primeira etapa da educação básica dava-se ou pela via da assistência ou pela via da escola.

Reportando-me novamente à narrativa supracitada, fui tentando apurar minhas percepções, uma vez que é possível que a reflexão expressada tenha se referido apenas ao âmbito privado, do micro. O arcabouço legal e teórico sobre educação infantil no Brasil é vasto. Muitos foram os sonhos cujas experiências deixaram-nos legados importantíssimos para trilharmos caminhos outros, não novos, mas pisados com novos pés, que precisam caminhar suavemente, pois caminham sobre os sonhos de Fulvia Rosemberg, Maria Malta Campos, Sonia Kramer, entre tantos outros. E sim, temos que estudar para conhecer essa história e continuar a escrevê-la.

Do ponto de vista legal, a inserção da educação infantil como primeira etapa da educação básica garantiu o estabelecimento de princípios e diretrizes para a formulação de políticas públicas para as infâncias, atendendo suas especificidades, bem como sua nova condição cidadã de sujeito de direitos para que o simbolizado pela gravura que abriu a discussão não se perpetuasse. Porém, como já também citadas anteriormente no texto, as palavras do poeta afirmam: "Leis não bastam...".[30] Por isso torna-se relevante perguntarmo-nos sobre como se operacionalizaram essas políticas.

Para aprofundar a questão apresentarei o instituído pela Resolução n.º 4, de 13 de julho de 2010, que definiu as Diretrizes Curriculares Nacionais para a Educação Básica, que em seus art. 5º e 21, respectivamente, afirma:

> Art 5º A Educação Básica é direito universal e alicerce indispensável para o exercício da cidadania em plenitude, da qual depende a possibilidade de conquistar todos os demais direitos, definidos na Constituição Federal, no Estatuto da Criança e do Adolescente (ECA), na legislação ordinária e nas demais disposições que consagram as prerrogativas do cidadão.

> Art. 21 São etapas correspondentes a diferentes momentos constitutivos do desenvolvimento educacional: I – a Educação Infantil, que compreende: a Creche, englobando as diferentes etapas do desenvolvimento da criança até 3 (três) anos e 11 (onze) meses; e a Pré-Escola, com duração de 2 (dois) anos; II – o Ensino Fundamental, obrigatório e gratuito, com duração de 9 (nove) anos, é organizado e tratado em duas fases: a dos

---

[30] Trecho da poesia de *Nosso tempo*, de Carlos Drummond de Andrade, já citada anteriormente.

5 (cinco) anos iniciais e a dos 4 (quatro) anos finais; III – o Ensino Médio, com duração mínima de 3 (três) anos.

Considerando a historicidade da existência da educação infantil, fortemente marcada, até a LDB n.º 9.394/96, pelos conceitos creche e pré-escola (que se mantiveram, mas intencionando a marcação de faixa etária), ela passa a ocupar outro lugar, não mais aquele destinado a cuidar da criança para a mãe trabalhar, tampouco aquele que antecede à escola. Esse movimento, tal qual intencionamos mostrar quando da apresentação do processo de inserção das creches ao Sistema Municipal de Ensino de Petrópolis, gerou muitas crises, disputas e equívocos, tanto por fatores políticos quanto econômicos e conceituais.

Nessa arena, como utilizei termos do âmbito da costura ao longo do texto, vou aqui trazer mais um, a sutura que, à princípio, pode também significar coser, costurar, remendar, mas que, nas palavras da artista Rosana Paulino[31] em uma entrevista,[32] definiu como *você ter partes díspares e colocá-las juntas na marra, pega os diferentes e quer costurar na marra sem fazer os devidos ajustes".*

Assim, considerando esse processo de suturar a etapa da educação infantil às demais etapas educacionais para compor a educação básica, podem ter sido considerados fatores mais objetivos, como os sinalizados anteriormente, deixando os subjetivos ocultos. Um aspecto que aqui podemos considerar é a busca pelo seu lugar no que é definido como educação básica a partir de seu não lugar, pois para ser isso precisava deixar de ser aquilo que sempre fora, creche como instituição de guarda para a criança que a mãe trabalha e pré-escola como momento de preparação para a escola, porém, como o próprio nome diz, não era escola, pois o termo "pré" significa anterioridade.

Buscar olhar a história da educação brasileira a partir das perspectivas de quem a faz, dos diferentes contextos e o que dela se espera, possibilita-nos refletir sobre os produtos que encontramos. Assim, temos que as primeiras salas de aula no Brasil foram criadas pelos jesuítas para catequizar os índios, sendo eles os primeiros alunos da educação formal, e os padres jesuítas os primeiros professores. Avançando no tempo, os colégios fundados e dirigi-

---

[31] Doutora em Artes Visuais pela Escola de Comunicações e Artes (ECA) da Universidade de São Paulo (USP), é especialista em Gravura pelo London Print Studio, de Londres, e Bacharel em Gravura pela ECA/USP. Autora da exposição Rosana Paulino: a costura da memória.

[32] Disponível em: https://www1.folha.uol.com.br/ilustrada/2018/12/rosana-paulino-costura-ciencia-mulheres--e-negros-em- mostra-na-pinacoteca.shtml. Acesso em: 16 mar. 2022.

dos pelos jesuítas na colônia eram organizados a partir da *Ratio Studiorum* e foram se configurando como progressão do aprendizado acerca da doutrina cristã e conteúdos sobre humanidades. Com a conclusão dessas etapas, os estudos poderiam ser continuados em universidades europeias, bem como no ensino de ofícios manuais em território brasileiro para a formação da mão de obra necessária.

No século XVIII, o marquês de Pombal ordenou a expulsão dos jesuítas e o fechamento de suas escolas, objetivando implantar outro sistema educacional, as aulas régias, com o propósito de modernizar o ensino e, consequentemente, a sociedade do momento. Buscando o significado da palavra régia, temos que é tudo que emana do rei. Data dessa época também a realização, em 1760, no Recife, do primeiro concurso para professores públicos. Porém, como as nomeações demoraram anos para serem realizadas, somente em 1774 ocorreu o início das aulas. Era a primeira vez que a educação configurava-se como responsabilidade do Estado, pretendendo-se laica. Porém, como para ser professor não havia exigência de nenhuma formação específica, era selecionado quem tinha algum grau de instrução, o que quase sempre eram os padres. A etapa inicial desse ensino eram os chamados "estudos menores", mais tarde "escolas das primeiras letras", nos quais se ensinavam a ler, escrever, contar e humanidades.

Com a morte do rei assumiu o trono a rainha dona Maria, em 1777, que demitiu o marquês de Pombal. Essa demissão não provocou ruptura no sistema de ensino em curso, mas as aulas deixaram de ser denominadas régias, passando a se chamarem públicas. A chegada da família real ao Brasil no início do século 19 não provocou muitas mudanças no modelo educacional em curso na colônia. A Constituição de 1824 estabeleceu que a Educação deveria ser gratuita para todos os cidadãos. Para tanto, deputados e senadores aprovaram uma lei, em 15 de outubro de 1827 (originando aí o Dia do Professor), que propunha que fossem criadas escolas de primeiras letras em todas as cidades e vilas do território.

Fundado em 1837, no Rio de Janeiro, o Colégio Pedro II passa a ser um modelo para o ensino secundário. Na segunda metade do século XIX, várias reformas tentaram dar um rumo mais profícuo para a Educação, aparecendo aí que a reforma instituída na corte em 1854 estabelecera que aos 5 anos as crianças poderiam ingressar na escola, mas isso não era seguido. Apesar das iniciativas, o desejo de ampliar o nível de instrução da população não foi bem-sucedido durante o Império, por não ser a educação uma necessidade à época.

A abolição da escravatura e a proclamação da República foram eventos marcantes no contexto social do Brasil e, com a última, chegou um novo modelo de escola, parecido com a proposta contemporânea, fortalecendo a ideia do ensino como direito público. Com a Constituição de 1891, a responsabilidade da União era com a Educação no Distrito Federal, à época Rio de Janeiro.

Os estados que tinham recursos assumiram diretamente a responsabilidade pela oferta de ensino e os mais pobres repassavam essa responsabilidade aos municípios. Essa proposição fragmentada da organização sem uma mínima orientação nacional fez surgirem diversas propostas de reformas educacionais, sustentadas por diferentes ideais e concepções, que passaram a disputar espaço.

Em 1890, Benjamin Constant, então chefe do Ministério da Instrução Pública, Correios e Telégrafos, primeiro órgão desse nível a ocupar-se da Educação, propôs mudanças no ensino primário, que correspondia à idade entre 7 e 13 anos, e o secundário, de 13 a 15 anos, do Distrito Federal, priorizando disciplinas científicas, como Matemática e Física, em detrimentos das humanas, as quais eram o foco das escolas de primeiras letras do império. Apesar da resistência, que impediu de o projeto avançar, ele possibilitou novas propostas, como a criação dos grupos escolares, criados em São Paulo e replicados na maioria dos estados. O ensino era organizado em séries e os estudantes eram divididos por faixas etárias.

Nesse ínterim, a defesa da educação pública, gratuita e laica vai ganhando força no país, opondo-se à escola restrita à elite e ligado à religião, tendo Anísio Teixeira como um dos defensores dos ideais da Escola Nova no Brasil, sendo publicado, em 1932, o Manifesto dos Pioneiros da Educação Nova. Passados alguns anos, a partir da promulgação de leis orgânicas do ensino, definiram o ginásio, o equivalente ao segundo ciclo do ensino fundamental de hoje, que passou a ter quatro anos, e o colegial, o atual ensino médio, com três anos. Também foi criado o curso supletivo de dois anos para a população adulta, sendo a rede pública organizada em escolas com classes, além da escola supletiva.

Em 1948, foi apresentado um anteprojeto de Lei para definir as Diretrizes e Bases da Educação Nacional, uma vez que a nova Constituição atribuiu à União a função de legislar sobre a Educação. Esse anteprojeto gerou muitos conflitos e debates, o que provocou demora na publicação da legislação, que só ocorreu em 1961. Nesse período surgiram vários movimentos de educação popular, provocando a reflexão dos educandos sobre a própria condição social, iniciativas inspiradas nas propostas de Paulo Freire. As inspirações educacionais movimentaram-se, porém, na prática, não houve grandes avanços.

Contudo é possível considerar como bastante positiva a criação de uma Lei que instituísse as diretrizes e bases da educação nacional. No que tange aos interesses do estudo que produziu este livro, com foco na educação das crianças de 0 a 5 anos de idade, traçar um paralelo entre as três legislações – Leis n.º 4.024/61, 5.692/71 e 9.394/96 –, parece interessante para posicionarmos o olhar sobre os lugares destinados aos sujeitos referidos no âmbito formal da educação. Isso porque, no breve histórico apresentado, não houve nenhuma menção à educação institucionalizada da primeira infância.

A LDB n.º 4.024, de 20 de dezembro de 1961, abordou a educação destinada aos menores de 7 anos de idade, fazendo menção apenas à modalidade do ensino, assim definindo:

> Art. 23. A educação pré-primária destina-se aos menores até sete anos, e será ministrada em escolas maternais ou jardins-de-infância.
>
> Art. 24. As empresas que tenham a seu serviço mães de menores de sete anos serão estimuladas a organizar e manter, por iniciativa própria ou em cooperação com os poderes públicos, instituições de educação pré-primária.

Uma década depois, a LDB n.º 5.692, de 11 de agosto de 1971, faz uma única menção às crianças de até 7 anos de idade, quando, eu seu capítulo II, que trata do chamado ensino de 1º grau, em seu art. 19, apresenta o que segue:

> Para o ingresso no ensino de 1º grau, deverá o aluno ter a idade mínima de sete anos.
>
> [...]
>
> § 2º Os sistemas de ensino velarão para que as crianças de idade inferior a sete anos recebam conveniente educação em escolas maternais, jardins de infância e instituições equivalentes.

Essa lei traçou os rumos educacionais do nosso país por 25 anos. E por isso provoco aqui a reflexão com base imagem que abriu a sessão. Diante da falta de compromisso do poder público com a educação da primeira infância, outras vias foram se fazendo presentes nas tramas do cotidiano. Tomando como base para reflexão a imagem do jornal *Mulherio*, publicado em 1981[33], que retrata o apelo de uma mulher, pedindo ao Cristo Redentor que cuide de sua criança enquanto ela vai trabalhar, é possível compreender o lugar e o papel que a mulher negra representa na sociedade, abordando questões polêmicas, como os direitos da mulher, a educação dos filhos e a necessidade de creches para as que trabalham fora de casa.

Com a LDB n.º 9.394, de 20 de dezembro de 1996, a chegada da educação infantil na educação básica não é o fim de um movimento, mas o início de outros tantos longos processos de busca pelo pertencimento. Na hierarquia daquilo que sempre foi considerado como educação "de verdade", a educação infantil surge como um anexo que não nasceu com o projeto, por isso deve lutar para não se tornar um puxadinho.

Mesmo com os avanços na definição de políticas, a imprecisão conceitual em relação à função da educação infantil na educação básica provoca dificuldade de torná-la realmente a primeira etapa dessa educação, considerando o todo que circunscreve essa condição. Tanto fatores políticos quanto fatores econômicos e culturais podem ser apontados como os provocadores das diferentes maneiras de conceber-se essa etapa educacional. As narrativas a seguir ecoam essas afirmações.

> Sabemos que a Educação Infantil ainda engatinha em muitos sentidos desde que foi abraçada pela educação básica. No entanto, alguns desafios são postos como demandas para edificação de programas e, quem sabe, de futuras políticas públicas (Trecho extraído das cartas).

> Muito temos a conquistar, principalmente porque eu ainda não considero que a Educação Infantil tenha seu merecido lugar na educação. Avançamos, mas precisamos de políticas públicas sérias (Trecho extraído das cartas).

À letra da lei, a educação infantil como direito conquistado ainda se encontra sob o jugo de forças da sociedade, sempre nos lembrando de que não é porque uma vez conquistados, esses direitos estarão por si só garanti-

---

[33] Ver jornal *Mulherio*. Disponível em: https://bibdig.biblioteca.unesp.br/items/5cd75a85-eab6-433d-8cd8-90b-056b6f7c5. Acesso em: 17 fev. 2022.

dos. No processo de constante disputa são colocados avanços e retrocessos, e a omissão sobre a educação formal da primeira infância nas legislações educacionais e a constituição histórica dos fazeres da assistência para essa demanda, já abordados ao longo do texto, demonstram que se construiu uma hierarquia de valor às etapas educacionais que podemos olhar como uma herança dos contextos educacionais contemporâneos.

Essa linha de pensamento leva-me a buscar apoio no sociólogo peruano Anibal Quijano (2005, 2012) e seus estudos sobre o colonialismo e suas heranças. A premissa de seus estudos é o processo de colonização da América a partir de hierarquias, lugares e papéis sociais entre os povos colonizadores e colonizados, cujo resultado foi a imposição de um cenário de dominação (Quijano, 2005). Com base em teorias originárias dos estudos subalternos e pós-colonialismo, tornou-se possível olhar criticamente em diferentes perspectivas.

Quando a última narrativa aponta que a orientadora escolar não considera que a educação infantil tenha seu merecido lugar, podemos buscar relação com os estudos decoloniais, cujos entendimentos ressaltam o padrão de dominação associado às hierarquias, de lugares, papéis sociais, finalidades. Posicionado no que pode ser entendido como "lugar de baixo" no todo da educação básica, pode estar sendo a característica que, para usar novamente elementos da costura, provoca esgarçamento das relações impostas nesse novo contexto, que significa novas maneiras de legitimar antigas ideias e práticas.

Para combater essa tradicional maneira de ver a educação infantil, talvez seja preciso, tal qual o que Diego pediu ao pai no poema *A função da arte 1* (Galeano, 1995) "Pai, me ajuda a olhar!", ajudar aqueles que ainda não construíram os novos conhecimentos acerca dos sentidos e significados da primeira etapa da educação básica, a ressignificar seus olhares diante do novo cenário. E a contribuição das vozes pronunciadas por aqueles que estão posicionados de dentro, representadas pelas narrativas dos OEs, pode fazer ecoar saberes construídos por aqueles envolvidos com a educação infantil, que contribuirão para a reflexão dos não envolvidos, mas que, direta ou indiretamente atuam, deliberam questões para as demandas educacionais da faixa etária, entre elas os fazeres das OEs.

Quando anteriormente destaquei o que percebia como uma imensa responsabilidade "falar por alguém", é porque reconheço que o narrado oferece pistas, indícios, que podem levar-nos a algumas descobertas, mas sempre a partir do nosso ponto de vista. Mesmo sabendo das limitações do processo e sem a pretensão de nenhuma conclusão, a leitura de referenciais teóricos e legais que marcam a defesa da educação infantil em suas múltiplas dimensões, associadas à minha experiência profissional e às vozes das participantes do estudo com base na leitura e na releitura de suas narrativas, abrem aqui pistas para o que Mills (1965) chamou de a imaginação sociológica, permitindo-me inferir que, mesmo não tendo sido falado explicitamente pelas participantes, quando elas falam de lugar da educação infantil ou até mesmo que ela não foi abraçada pela educação básica, uma das chaves de leitura desse contexto pode ser o que o que Quijano (1992) chamou de "giro decolonial" e que, basicamente, significa o movimento de resistência teórico e prático, político e epistemológico, à lógica da modernidade/colonialidade, ideologicamente assumindo um compromisso com aqueles posicionados nas periferias.

Balestrini (2013, p. 90) considera que "o colonial é um termo que alude a situações de opressão diversas, definidas a partir de fronteiras de gênero, étnicas ou raciais", no que aqui tomo a liberdade para incluir o que entendo como outra relação de colonialidade, a etária. Sua aposta no giro decolonial como perspectiva teórica apresenta-se como modos de superação da colonialidade, que pode dar-se em três dimensões: do poder, do saber e do ser.

O pretenso fim da perspectiva assistencialista ou preparatória, ambas atribuições fundantes do trabalho com a primeira infância, cada uma destinada a segmentos sociais distintos, como pudemos ver ao longo do texto, não significou o fim do "lugar imaginário" destinado a esses sujeitos por decreto. Anibal Quijano ajuda-nos a olhar tal situação a partir da abordagem da colonialidade do poder, que é a constatação de que, mesmo com o fim do colonialismo, a continuidade das formas de dominação produzidas pelas estruturas do *sistema mundo* mantém-se na matriz colonial do poder. O giro decolonial seria o suporte para o pensamento que nos diz que para outros marcos regulatórios é necessário descolonizar o pensamento para não olharmos situações distintas da mesma maneira.

A colonialidade do poder tem em sua matriz várias manifestações de controle, entre as quais destaco o controle da autoridade, da subjetividade e do conhecimento, por entender que eles articulam-se com as discussões do estudo. Se, como a história da educação no Brasil produziu a ausência da criança pequena na educação formal, deixando-a marginalizada, o *sistema--mundo* educacional circunscrito no ensino fundamental opera a partir de sua lógica institucionalizada, identificando as faltas como princípio organizador de suas hierarquias, pois ele autodefine-se como superior, podendo, assim, exercer autoridade.

Colocando-se no lugar de superior, o ensino fundamental assume a perspectiva do eurocentrismo (base para as reflexões dos estudos decoloniais), que aqui podemos pensar metaforicamente como *ensinofundamentalismo*, como a verdade universal, cabendo a ele definir os conhecimentos necessários e também a maneira de produção deles como padrão, surgindo aí outra dimensão da colonialidade, a do saber.

Compreender a existência da colonialidade do saber possibilita também reconhecer a possibilidade de descolonizar esse saber por meio do giro decolonial como um convite ao pensar, sinalizando para o diálogo de saberes. O sentido de *inacabamento* tal qual nos convoca Freire (1996), reforça a ideia de que o mundo não é o que é simplesmente, está sendo feito dessa ou daquela maneira e, se está sendo feito assim, também podemos fazê-lo de outra forma, escrever outra história.

A própria trajetória da educação da primeira infância é marcada pelo legado de várias lutas, sobretudo dos movimentos femininos e dos direitos das crianças. Para tanto, muitas vezes é preciso alterar o lócus de enunciação, deslocando o lugar de onde se olha, relocalizando-o; não olhar para cima pedindo ao Cristo Redentor, como representante de Deus, para olhar as crianças, nem para o ensino fundamental, como orientador das ações dos de baixo, a educação infantil. Num tempo em que a educação da primeira infância ganha novos contornos, é preciso que as discussões abram-se a partir da colocação de novas questões ou recolocação de velhas questões, mas baseadas em outros lugares.

Recentemente encontrava-se no centro de disputa, por exemplo, a adoção de livros didáticos para a faixa etária de 4 e 5 anos, correspondente à pré-escola. À época, o ministro da Educação comemorou o lançamento do edital do Programa Nacional do Livro e do Material Didático (PNLD) 2022 para a educação infantil com a seguinte frase: "Pela primeira vez teremos livros didáticos para a educação infantil. Crianças da pré-escola terão contato com as palavras a partir de 2022". O que esse posicionamento vê como avanço, recupera paradigmas que há muito tempo vários estudos sobre a educação para a primeira infância julgam superados, a ideia de etapa preparatória para a alfabetização e o ensino fundamental. Para eles, a ideia não passa de um retrocesso nas concepções e nos objetivos postos para a primeira etapa da educação básica na atualidade.

O que podemos entender é que nesse interstício de cerca de 25 anos de existência da educação infantil como primeira etapa da educação básica, novamente recorrendo aos elementos da costura, o que se faz é dar pences para ajustá-la aos corpos que não comportam mais sua complexidade. Há um croqui há muito idealizado, lutando para que seu alinhavo seja costurado no tempo da história, tendo os arcabouços teórico e legal como forro, não no sentido de escondido, mas para dar volume à peça. A educação infantil tem capacidade para apresentar sua própria narrativa como conhecimento baseada em sua visão. Para isso, não podemos permitir que os pontos já dados no tecido sejam desfeitos. Daí a necessidade de transformar o alinhavo em costura, pois mesmo que ela não impeça que se desfaça, esse trabalho é mais complexo do que apenas desfazer a linha de um alinhavo.

Ressaltar alternativas ao pensamento dos de fora sobre educação infantil exige muito esforço, requerendo questionamentos sobre em que propósitos se fundamentam, quais são os pontos invisíveis, termo também cooptado da costura. Tal qual a Moça Tecelã[34], enquanto alguns tecem de dia, defensores de outros saberes desfazem à noite. E esse trabalho requer muito esforço daqueles que lutam por outra educação para as infâncias, uma vez que, mesmo com todo ordenamento legal e teórico, ainda não foi possível acabar com a herança colonial no campo da educação, caracterizada por disputa de narrativas.

O *saber da experiência* apresentado nas narrativas mostra-nos que é possível identificar que há outros matizes para além do preto, já desbotado, e do branco, já encardido, dos fazeres da educação infantil.

No contexto da educação básica, a educação infantil ganha contornos muito positivos, impactando os âmbitos políticos, econômicos e culturais da sociedade. Entretanto, aos seus sujeitos principais, as crianças, essa condição tenta conformar seus corpos e mentes em modelos há muito considerados demodê.

Escovando a palavra criança, encontramos sua origem no latim *creare*, criar na nossa língua. Então, para interromper o desfile das tendências que vêm sendo desenhadas atualmente para a educação infantil, é preciso recriar a existência, retomar o croqui dos sonhos acalentados nos movimentos que

---

[34] Personagem do livro de mesmo nome de Marina Colasanti, com ilustrações de Demóstenes, representadas pelos bordados das irmãs Dumont.

não aceitaram a subalternidade da educação da criança pequena. É lutar para que seja, sim, considerada educação básica, porém sua beleza é realçada pela possibilidade de customizar o tecido com a criação, da criança em ação ou de ações pela criança, considerando seus interesses.

A criança nem sabe que ela faz parte desse lugar chamado educação básica. Ela existe e isso basta. Cabe a nós unir, fazendo uso novamente de termos da costura, direito com direito, entendendo aqui o direito à educação com o direito da criança de ser criança e viver sua infância nessa primeira etapa da educação básica, considerando suas mais variadas formas possíveis de vida. Podemos interpretar a narrativa extraída da carta de uma OE como uma possibilidade de leitura do que aqui foi dito: "A demanda é grande e os 'fazedores' de uma política de qualidade da primeira infância ainda poucos" (Trecho extraído das cartas).

O conceito de *sistema-mundo* desenvolvido por Immanuel Wallerstein (1999) é baseado no conceito de *economia-mundo* inventado por Fernand Braudel (1992), que caracteriza sistemas ligados à teoria da dependência. O *sistema-mundo* baseia-se na divisão inter-regional e transnacional do trabalho e resulta no mundo em países centrais, semiperiféricos e periféricos, no qual os primeiros concentram a produção altamente especializada e capital intensivo, enquanto o resto do mundo dedica-se à produção intensiva e não especializada e à extração de matérias-primas. Essa lógica muito se adequa aos arranjos educacionais na história do nosso país, muito arraigados na herança colonial.

Durante todo o tempo da história da educação no nosso país, as atenções foram, ora mais, ora menos, para a faixa etária do correspondente hoje ao ensino fundamental. Se tomarmos o sinônimo de fundamental como essencial ou indispensável podemos compreender o porquê de considerarem a lógica do sistema que serve ao que é fundamental. Essa é uma construção que se acostumou a pensar o todo para todos a partir do ponto de vista de sua própria existência, *sistema-mundo*.

Portanto fundamental também pode ser lido como alicerce, o que, nos princípios da LDB n.º 9.394/96, atribui à educação infantil essa função na educação básica, afirmando o cuidar e o educar como funções indissociáveis, ações também vistas como menores diante da função histórica da educação, muito associada ao binômio ensino-aprendizagem. Essa existência naturalizada de ensino, desconsiderando o cuidar e o educar como fazeres relevantes em instituições educacionais, coloca-se no papel de orientadores de seus fazeres, que podemos entender como preparar para que o seu fazer ocorra mais facilmente, pensamento tão profundamente arraigados no pensamento dominante do *sistema-mundo*, que aqui podemos considerar a ideia citada de extração de matéria-prima, quando é reforçada a função de preparar as crianças para o ensino fundamental.

Todavia a educação institucionalizada das crianças pequenas vem muito antes do termo educação infantil ser cunhado pela LDB n.º 9.394/96, fazendo movimentos para mostrar a existência de outros modos de educação com base nas muitas vozes que se fizeram ouvir, buscando nesse processo a alteridade, pois como nos ensina Freire, "o eu se constitui a partir do outro". Assim, esse outro passa a ser um sujeito que me mobiliza a ação-reflexão como práxis numa interação entre ambos.

No tocante à educação infantil, ela vem buscando defender o seu lugar, distinto do que muitos esperam que ela seja, mas para isso precisa dizer e fazer-se ouvir sobre o que é. A narrativa a seguir expressa a necessidade desse movimento: "Pois é preciso conscientizar o governo, os pais de nossos alunos, as nossas equipes, algumas vezes nossos diretores e até a própria Secretaria de Educação da importância da Educação Infantil na vida das crianças" (Trecho extraído das cartas).

Para tanto é necessária uma mudança radical no imaginário (Quijano, 1992). Esse imaginário apoia-se no que Glissant (1997 *apud* Minolo, 2012, p. 35) definiu como construção simbólica, mediante à qual uma comunidade define a si mesma. Essa definição faz parte do processo de construção do *sistema-mundo*. Assim, o ensino fundamental tornou-se o centro da educação que, como vimos, pode ser vista como essencial, expressando a colonialidade do poder, articuladas nas formas historicamente conhecidas.

Uma dessas formas pode ser interpretada baseada no elemento obrigatório. Só a partir do ano de 2016[35] parte da educação infantil, a etapa da pré-escola, passou a ser escolaridade obrigatória. Até então o que se caracterizava como dever de oferta e opção de aceitar ou não o que era ofertado muda quando passa para obriga+ação, obriga o Estado e as famílias a matricularem as crianças pré-escolares nas instituições educacionais. Essa situação parece dar novo fôlego ao *sistema-mundo* caracterizado pelo ensino fundamental, pois tenta cooptar esse pedaço da etapa da educação infantil para si. A situação explicitada anteriormente quanto ao PNLD é um exemplo das disputas em curso. Porém, reconhecendo novamente que esse mundo

---

[35] A Lei n.º 12.796/2013 alterou a Lei n.º 9.394/96, tornando obrigatória a matrícula na pré-escola a partir do ano de 2016.

não é, está sendo feito, vamos fazendo ressoar outras vozes no exercício do diálogo na tentativa de criar e recriar outros contextos. O narrado por uma OE mostra que essas vozes existem e colocam-se como podem:

> Atualmente, inclusive, há um retrocesso com a escolha de livros didáticos e sabe-se lá o que mais nos espera. Qualquer conhecedor da primeira infância fica paralisado diante das decisões vindas de Brasília, que desconsideram as experiências, as descobertas e o quanto o afeto faz parte da Educação Infantil (Trecho extraído das cartas).

O exposto até aqui pode ser circunscrito no entendido como colonialidade do poder, também traz outra característica de colonialidade, que passa a ser importante de ser considerada, a do saber. Essa, mesmo que de forma silenciosa, dificulta a compreensão de outros mundos a partir de suas próprias epistemes.

Olhar a educação infantil tendo como base os estudos decoloniais permite-nos reconhecer seus limites, bem como identificar possibilidades outras para os diálogos, considerando o legado do giro decolonial.

No segundo capítulo apresentei como deu-se o processo de incorporação das creches ao Sistema Municipal de Ensino de Petrópolis no início dos anos 2000, atendendo às exigências da LDB n.º 9.394/96. Esse processo, como qualquer outro de alteração de domínio, de conquista, de poder, configurou-se como, podemos assim dizer, uma violência, apresentada como novas formas de saber, de fazer, de relacionar-se, de ser e estar, principalmente para aqueles que trabalhavam nas referidas instituições e as famílias, a quem foram se apresentando outras regras, outros modos de organização. Uma OE participante da pesquisa iniciou sua trajetória nesse tempo:

> Minha trajetória profissional se inicia quando no ano de 2001 assumi o cargo de atendente de creche da Secretaria de Assistência Social de Petrópolis. Naquele momento, as creches não tinham profissionais especializados para desenvolver a aprendizagem dos alunos, ou seja, professores para exercer essa função. Nesta época, como já tinha o curso de Formação de professores escolhi desenvolver meu trabalho com a turma de 5 período, achando mais desafiador, visto que não tinha experiência com esta etapa escolar e ali seria um ambiente rico de aprendizagem. Foi uma excelente escolha, logo que iniciei já comecei a desenvolver atividades pedagógicas, planejar, estudar e viver essa experiência que confesso, foi a porta de

> entrada para tantas outras oportunidades que vivenciei nesses anos que se passaram. Com o passar do tempo, as creches passaram a pertencer a Secretaria de Educação, um grande avanço, pois as creches, agora Centros de Educação Infantil, deixaram de ter um olhar assistencialista para sim, o de ensino. Neste momento, os CEIs passaram a ter um professor em cada Unidade Escolar. Porém, mesmo não sendo a professora da Unidade Escolar, me mantive firme, continuando a desenvolver meu trabalho como educadora. Sabendo da necessidade de formação para o avanço da minha carreira profissional e da minha qualificação, consegui uma bolsa integral para cursar Pedagogia, oportunizada pela Prefeitura Municipal de Petrópolis. Assim, concluí o curso de Pedagogia e logo fui aprovada no concurso de professor. Permaneci no mesmo Centro de Educação Infantil [...] no qual atuei como professora de Educação Infantil (Trecho extraído das cartas).

Essa narrativa expressa a herança da colonialidade do poder e do saber, pois a narradora, falando com base em suas vivências na instituição creche, apresenta um paradoxo quando afirma que a instituição não tinha professor para desenvolver a aprendizagem dos alunos, mesmo tendo ela mesma cursado o curso de Formação de Professores. Essa fala leva-nos a trechos aqui apresentados que trata da formação docente.

Essa questão da formação e funções dos profissionais nos CEIs ainda permanece como campo de disputa. Como já dito no início do livro, no momento da transição os profissionais das creches que tinham a formação de professores questionavam por que não podiam ser admitidos como tal. Mas só a aprovação em concurso para a função docente podia mudar tal situação, como podemos verificar na trajetória citada pela orientadora.

Outro paradoxo é a sinalização de que não havia profissionais especializados para desenvolver a aprendizagem dos alunos. Essa reflexão também leva-nos a pensar sob a perspectiva dos estudos decoloniais. A narrativa apresenta as marcas da herança da colonialidade do saber. Os estudos decoloniais ressaltam que é preciso nova linguagem para falar de novos assuntos. Muitos vocábulos na última narrativa demonstram as marcas dessa herança: aprendizagem, alunos, unidade escolar. Isso também pode ser percebido quando a OE diz:

> [...] como já tinha o curso de Formação de professores escolhi desenvolver meu trabalho com a turma de 5 período, achando

> mais desafiador, visto que não tinha experiência com esta etapa escolar e ali seria um ambiente rico de aprendizagem. Foi uma excelente escolha, logo que iniciei já comecei a desenvolver atividades pedagógicas, planejar, estudar... (Trecho extraído das cartas).

Podemos entender aqui que para o trabalho com crianças menores as ações apresentadas não seriam necessárias? Quais saberes têm esses profissionais que não são professores, mas que desenvolvem funções hoje denominadas cuidar e educar? No início do livro destaquei também que na transição a educação precisou reinventar-se para também aprender com os saberes daqueles que tinham o que podemos considerar como o *saber da experiência*. O que sabiam esses sujeitos pode ser o apresentado na narrativa a seguir: "Porém, no momento da minha chegada ao CEI, estavam ali há mais tempo que eu, conheciam os pais, os alunos, a dinâmica implementada" (Trecho extraído das cartas).

Olhar essas narrativas com base na perspectiva dos estudos decoloniais faz ressaltar que existiam formas de se organizar, havia saberes que sustentavam seus fazeres, que eram distintos dos padrões historicamente considerados pela educação formal.

Uma dimensão muito comum nas abordagens sobre os fazeres na educação infantil é a da rotina. Assim, tomá-la-ei como a possibilidade de refletir sobre a questão de haver saberes constituídos em determinados contextos distintos do padrão estabelecido. Então o que significa rotina? Pelo dicionário temos que é o hábito de fazer algo sempre do mesmo modo, mecanicamente. Uma OE, ao narrar sua chegada ao CEI, destacou: "A rotina era diferente, na verdade, não existia rotina" (Trecho extraído das cartas). O que podemos perceber é que a forma de organização do tempo e espaço que ela encontrou era diferente do que estava acostumada na escola, fazendo-a como uma possibilidade de rotina.

Outra narrativa chama a atenção para os limites do padrão da educação formal historicamente instituída na complexidade dos CEIs, sinalizando a necessidade de avanço no conhecimento quanto as suas especificidades, na tentativa de superar a herança enraizada imposta pela colonialidade do poder e do saber. "Conhecer a rotina dos Centros de Educação Infantil é uma experiência significativa, pois é um espaço com característica muito peculiar" (Trecho extraído das cartas).

Conforme Walter Benjamin procurou demonstrar em seus estudos, o resgate de vozes silenciadas nesse processo do que podemos chamar de pedagogia descolonizadora acrescentará elementos ao que a teoria por si só não dá conta (Thompson, 1981). Ambos os autores destacam a importância da comunicação de experiências como forma de garantir o sentimento de pertencimento coletivo. Diferenciando as narrativas do romance e informação, Benjamin incita-nos a refletir e a buscar analogias com os conhecimentos teóricos já construídos e disseminados sobre educação infantil, tal quais os dispositivos legais que vêm sendo instituídos. Para o autor, tanto o romance quanto a informação empobrecem a narrativa, pois empobrecem a experiência, no que podemos aludir como os referenciais teóricos e legais que, ao se distanciarem do lócus da enunciação, empobrecem a práxis. Como disse Drummond e já citado anteriormente, "leis não bastam", e da mesma maneira não bastam livros, artigos e revistas se não forem postos em diálogo com os fazeres cotidianos. O narrado por três orientadoras contribui para exemplificar o exposto:

> Por isso, o espaço de debate, e a postura daquele que ouve é importante. E não é só daquele que ouve, ou seja, quem conduz a formação, mas todos que participam, porque de alguma forma o espaço de fala também toca cada um e, a partir dele emergem as provocações, os novos saberes. Para os GEs são levados materiais teóricos, que embasam práticas, mas são as práticas cotidianas que enriquecem o movimento de aprendizagem (Trecho extraído das cartas).

> Foi assim que me dediquei a essa nova função. Tive o cuidado de entender as concepções de infância, de creche e de currículo, entender a história das creches da Rede Municipal e sua proposta curricular e como a creche na qual eu iniciava essa função era concebida e tratada cotidianamente. Fiz um caderno de anotações com as percepções que saltavam aos meus olhos, que me impressionavam e que eu podia articular com as ideias que apareciam nos estudos que fazia [...] Mas, sempre pensando e formando a "minha turma" de educadores e professoras para conceber uma prática que pudesse valorizar a criança e sua potencialidade, que pudesse romper com a preparação para o ensino fundamental e que criasse seu repertório particular de ser e estar no mundo (Trecho extraído das cartas).

> Para todas as demandas e temas abordados nos preparamos buscando livros, pensadores, pesquisas e dinâmicas a fim de aproximar teoria e prática (Trecho extraído das cartas).

Recorrendo novamente ao texto *Experiência e pobreza* (Benjamin, 1987), é possível concluir que pelo menos no que podemos perceber com o conteúdo deste livro, o empobrecimento da experiência vai ao encontro do que o autor chamou de "forma positiva de barbárie", que impele os que lutam pela educação infantil a "partir para frente, a começar de novo, a contentar-se com pouco, a construir com pouco, sem olhar para a direita nem para a esquerda" (p. 116).

Como à construção do texto foram incorporados elementos da costura em vários momentos, apresento aqui mais uma possibilidade de reflexão com essa metáfora. Eternizada pela voz de Baby Consuelo, a letra da música *Emília*, a boneca-gente, retrata a criação de uma boneca:

> De uma caixa de costura
>
> Pano, linha e agulha
>
> Nasceu uma menina valente
>
> Emília, a Boneca-Gente.
>
> Nos primeiros momentos de vida
>
> Era toda desengonçada
>
> Ficar em pé não podia, caía
>
> Não conseguia nada.
>
> Emília, Emília, Emília.
>
> Emília, Emília, Emília.
>
> Mas a partir do momento
>
> Que aprendeu a andar
>
> Emília tomou uma pílula
>
> E tagarelou, tagarelou a falar
>
> Tagarelou, tagarelou a falar.

Ela é feita de pano

Mas pensa como um ser humano

Esperta e atrevida

É uma maravilha

Emília, Emília.

Emília, Emília, Emília.

Emília, Emília, Emília.

Para história, ela tem um plano

Inventa mil ideias, não entra pelo cano

Ah, essa boneca é uma maravilha!

Considero que alguns trechos da letra da música podem muito bem dialogar com a perspectiva decolonial, principalmente quando destaca que "Emília tomou uma pílula e tagarelou, tagarelou a falar" e "Para cada história ela tem um plano, inventa mil ideias, não entra pelo cano". Ambos os trechos fazem soar a voz de Benjamin em nossos ouvidos, para quem é preciso ressaltar as vozes dos que precisam ser ouvidos, que a história está sempre em aberto, potencializando o devir. A postura da famosa boneca talvez represente bem o que conclama os estudos benjaminianos, pois embora feita de pano, quando começa a pensar como ser humano tem a possibilidade de agir revolucionariamente, puxando o freio de emergência, fazendo o trem do progresso saltar de seus trilhos (Löwy, 2005), no sentido de desafiar o empobrecimento das narrativas, pois, como nos ensina Freire (2019, p. 108), "existir, humanamente, é pronunciar o mundo, e modificá-lo".

Já outra passagem da letra traz a reflexão sobre qual postura assumir ou não assumir diante do devir: "tagarelou, tagarelou a falar". Buscando o significado de tagarelar, o dicionário aponta que significa falar ou conversar muito, despreocupada ou frivolamente, o que Freire (2019, p. 108) chamou de "palavreria, verbalismo, blá-blá-blá. Por tudo isto, alienada e alienante". Essa postura em nada se aproxima dos ensinamentos de Freire (2019, p. 107), complementando o citado, quando ele diz: "Não há palavra verdadeira que não seja práxis. Daí que dizer a palavra verdadeira seja transformar o mundo".

Pautada pelo paradigma indiciário (Ginzburg, 1989) fui procurando nas narrativas elementos que poderiam de alguma maneira estar dificultando ou até mesmo impedindo que a educação infantil ocupasse o seu lugar. Tomando como ponto de apoio para essa busca o entendimento da colonialidade do poder e do saber, encontrei nas narrativas palavras proferidas que são símbolos do *sistema-mundo* do qual pretendemos nos distanciar. Como transformar o *sistema-mundo* se ainda tagarelamos alguns vocábulos, se ainda mantemos os vocábulos da colonialidade? Minha intuição apontou que poderia caminhar por essa trilha. Já sabendo que apenas uma participante iniciou sua trajetória profissional em CEI, passando por várias funções na mesma instituição, e que todas as demais foram indicadas para o exercício da função, vindas das escolas da Rede, mesmo que algumas trabalhassem com turmas de pré-escola, a escuta atenta de suas vozes encontrou palavras que ainda apontam para o norte do fundamental.

A narrativa a seguir ajuda a exemplificar o exposto. "Sonho com o dia em que todos valorizem o CEI como escola e não mais como um lugar onde a criança fica só para brincar e comer enquanto passa o tempo dos pais que vão trabalhar ou fazer qualquer outra coisa" (Trecho extraído das cartas).

Podemos entender que sua voz queria pronunciar conscientemente a busca pela valorização da educação infantil, mas também podemos perceber que há lapsos ligados à colonialidade do poder que comprometeu seu discurso quando ela diz: "sonho com o dia que todos valorizem o CEI como escola […]". Ela intencionou passar uma mensagem positiva ao enfatizar a palavra escola. Porém, como visto nas abordagens de Sonia Kramer (2003) sobre a questão de escolarização, não é a palavra propriamente dita que pode desconfigurar o intento, visto que uma escola é caracterizada como tal porque nela se concentram docentes e estudantes. O perigo é tomar os modelos já não aceitáveis para as demais etapas educacionais como parâmetro para os fazeres na primeira etapa da educação básica, contrariando o conhecimento acumulado sobre a infância e suas necessidades.

Na mesma esteira podemos encontrar outras palavras e expressões que surgem das memórias, imbricadas no passado e também no presente das vivências das OEs: ambiente escolar, creche (no sentido de instituição), ensino-aprendizagem, para trazer as que considerei mais significativas para as reflexões aqui elaboradas. É possível dizer que esses lapsos fazem "cair o pano".

Se o pano serve para encobrir algo, quando ele cai deixa à vista, descobertos, situações ou objetos até então escondidos, esquecidos, guardados. Com isso em mente, instigada pelo que compreendi com Ginzburg (1989) quando sugere que um dos sinais que podem ajudar a ouvir o que dizem as vozes é perceber a frequência com que determinadas palavras aparecem, busquei tirar o pano do que o documento (Lei n.º 6.870, de 03 de agosto de 2011) define como atribuições do OE. Por ser uma das dimensões estruturantes deste estudo, a expressão é recorrente nas narrativas e seus entendimentos também dialogam com vários elementos já abordados sobre a questão nos estudos teóricos. Mas não é isso que me interessa aqui. Como venho discorrendo sobre o lugar e o não lugar da educação infantil no que considerei como *sistema-mundo* da educação, considerando as pistas encontradas nas narrativas, mirei no referido documento intencionando olhar mais devagar. Vejamos:

1. Cargo: Orientador Escolar.

2. Descrição Sintética: compreende a função de suporte pedagógico à docência nas áreas de planejamento, acompanhando o processo ensino/aprendizagem.

3. Requisito para provimento: Instrução: Graduação em Pedagogia

4. Atribuições típicas:

- coordenar e participar da elaboração do Projeto Político Pedagógico da escola;

- compor a equipe gestora da escola e atuar, participativamente, na coordenação do trabalho pedagógico e educacional;

- promover reuniões e atividades que visem ao desenvolvimento e ao aperfeiçoamento dos docentes, fortalecendo a escola como lócus da formação continuada;

- planejar e desenvolver projetos de atendimento e acompanhamento escolar dos alunos, contribuindo para que a escolar cumpra sua função de socialização e construção do conhecimento;

NARRAR O VIVIDO, NARRAR O NARRADO:
EXPERIÊNCIAS E MEMÓRIAS DE ORIENTADORES ESCOLARES NA EDUCAÇÃO INFANTIL

- acompanhar a execução do plano de trabalho dos docentes;

- orientar a elaboração e a implementação de estratégias de recuperação dos alunos de menor rendimento;

- promover, de acordo com as normas regimentais, o processo de classificação e reclassificação de aluno;

- participar da organização das turmas e do horário escolar;

- coordenar e avaliar a implementação de projetos educacionais;

- apresentar levantamentos e registros de informações sobre os perfis dos educandos e sobre o processo avaliativo do desempenho escolar;

- fomentar a pesquisa de novas metodologias e de enriquecimento escolar curricular;

- coordenar, junto à direção escolar, as atividades de planejamento, execução e avaliação dos Conselhos de Classe;

- mediar conflitos e propor ações que desenvolvam e aperfeiçoem o relacionamento interpessoal dos membros da comunidade escolar;

- zelar pelos bens públicos sob sua responsabilidade;

- avaliar seu desempenho profissional, buscando formas de aperfeiçoamento permanente.

Os sujeitos desta pesquisa são levados a compreender sua função também a partir da lógica do expressado neste texto, que em nenhum momento especifica algo que indique a inclusão das especificidades da educação infantil no processo. As palavras dão indícios da colonialidade que guia nossa compreensão e também nossos fazeres.

Assumindo novamente a postura adquirida no processo deste estudo, coloquei-me aqui a escovar a palavra "orientador", vocábulo derivado da palavra oriente. Na geografia, oriente é a direção em que se vê o nascer do Sol. Simbolicamente, de acordo com a tradição cristã, a Estrela do Oriente guiou os três reis magos ao local de nascimento de Jesus, e historicamente também significou o destino das grandes navegações em busca de mercadorias. Assim, podemos conceituar a palavra como guia e o orientador como aquele que guia. O OE seria, então, aquele que guia a escola. Mas para onde? Como refletimos anteriormente, a colonialidade do poder e do saber do *sistema-mundo* pode estar objetiva e subjetivamente orientando os fazeres da primeira etapa da educação básica.

Os indícios fazem-nos suspeitar que, tal qual a boneca de pano, a educação infantil tornou-se falante, porém ainda precisa, como ensina Freire (1976, p. 13), "pronunciar o mundo, o seu mundo". Para tanto, faz-se necessário a postura dialógica constante que tem como referência o significado da palavra para além do comumente verbalizado, "tagarelado". É preciso, ressaltando a origem do termo "conceito", no latim *conceptus*, do verbo *concipere*, significa "coisa concebida", reconhecer a colônia das memórias formada na mente da educação infantil pelo poder do sistema mundo, fazendo com que ela reviva e reavive experiências que ainda a impedem de fazer outros anúncios para suas práticas.

Nas próprias vozes trazidas pelas narrativas, sem perceber, anunciam-se palavras do repertório daquilo que se pretende subverter. Por isso a reflexão deve pautar-se não apenas nas palavras no sentido descrito anteriormente, mas no exercício de concebê-las sob outras perspectivas como possibilidade de romper com o limite que teima em se moldar.

Como a possibilidade de apoiar a perspectiva do giro decolonial necessário considerando o exposto, no campo teórico temos a Sociologia das Infâncias, que busca recolocar o ponto de miragem do olhar, pois pretende uma educação pensada com base em seus sujeitos, saberes e fazeres, também levando em conta suas vozes e experiências, tornando necessário que se reconfigure o conhecimento existente sobre as crianças, bem como as práticas para e com elas. Isso envolve mudanças de posturas, de linguagens, abordagens teóricas e epistemológicas. Esse campo de estudo provoca-nos à reflexividade acerca das condições de vida das crianças e, entre elas, a educação formal, o que considero como o ponto de contato com este estudo.

A partir dessa ilação podemos sugerir uma nova mirada para o exposto como atribuições do cargo de OE quando, por exemplo, logo na primeira atribuição, define a coordenação da elaboração do Projeto Político Pedagógico. Esse processo caracteriza-se como um lugar de possibilidade para transgredir as fronteiras da colonialidade do poder e do saber tal qual apresentadas anteriormente. Ouço, na narrativa que segue, e tudo o que ela evoca, a voz que ressoa a possibilidade de transformação:

> Uma das citações que mais gosto de Manoel de Barros é a seguinte: "Tudo o que não invento é falso". Essa ideia, a trago comigo como um monte que me ajuda a refletir e a pensar sobre as possibilidades e aos desafios da vida em si, sobretudo quando bate aquela ideia de estar sem rumo, perdida, sem saber ao certo por onde ir ou começar (Trecho extraído das cartas).

Assim, podemos considerar que é possível inventar outras maneiras de existir da educação infantil, numa aproximação até mesmo pelas características próprias das crianças, que ainda questionam, ainda não conhecem o poder do status quo, e por isso tentam transgredir, buscando outras maneiras de agir, de interagir.

Na esteira dessa reflexão volto ao também definido como função do OE, que é promover reuniões e atividades que visem ao desenvolvimento e ao aperfeiçoamento dos docentes, fortalecendo a escola como lócus da formação continuada. Antes mesmo de essa atribuição ser definida pelo PCCS, como apresentado no início do livro, a constituição de um espaço/tempo para a formação foi espaço de luta e vislumbre de uma possibilidade que fortalecesse as discussões em torno da educação infantil nos CEIs. Entretanto, considerando as características tão próprias que circunscreviam o contexto da época, pretendeu-se diferenciar esse espaço/tempo da compreensão instituída nas escolas, denominada de reunião pedagógica.

A compreensão de que as características tão peculiares que envolviam a educação infantil em tempo integral em relação ao histórico das instituições, ao perfil dos profissionais e às condições existentes, levou-se a propor uma perspectiva diferente para o momento que se constituía. Assim, veio a nomeação de Grupo de Estudos (GE), como foi apresentado no início do texto. Desse modo, a possibilidade de que as duas atribuições do cargo de OE destacadas sejam profícuas passa a ser mais concreta. Porém a vigilância é essencial, pois a memória colonizada está sempre a postos, rondando os fazeres que se pretendem insurgentes. Algumas narrativas demonstram que apesar do conceito proposto indicar a necessidade de novas posturas, a colonialidade do pensamento ainda é tão presente que dificulta o rompimento do configurado como reunião pedagógica. Vejamos:

> No entanto, durante minha atuação, deparei-me com alguns entraves. A organização dos nossos encontros de formação era mensal, com um calendário anual que definia os temas que seriam aprofundados durante o ano letivo. Porém, esses temas poderiam ser alterados conforme a necessidade da unidade.

> Um entrave que me chamava a atenção era a dificuldade de entendimento de diretores quanto à importância daquele momento ser apenas de estudos, pois muitas vezes a pauta do encontro direcionava-se para reuniões administrativas e avisos gerais (Trecho extraído das cartas).

> Outro grande desafio: tornar a experiência do GE um espaço para reflexão da prática educativa, uma possibilidade de estudo e um espaço próprio de atuação do orientador. Passei por diversas situações em que minha fala acontecia quase no final do tempo do encontro. Muitas diretoras ocupam esse espaço para ditar normas de consultas e acabam esvaziando o objetivo desse grupo (Trecho extraído das cartas).

> Muitas equipes gestoras entendiam o GE como reuniões administrativas e convidavam profissionais externos para palestrarem, não olhando para dentro da unidade (Trecho extraído das cartas).

> Porém, uma situação era recorrente e, em alguns momentos atrapalhava o desenvolvimento do GE: a dificuldade de entendimento de diretores quanto à importância daquele momento ser de estudos (Trecho extraído das cartas).

Embora essas narrativas configurem como denúncias do quanto a mentalidade colonizadora ainda paire como viés determinista da forma hegemônica sob a qual se constituiu a cultura escolar, também foi possível evidenciar muitos anúncios que destacam o GE como espaço/tempo potente para o giro decolonial. É preciso ouvir essas vozes repletas das experiências vividas para reanimar a esperança não de pura espera, mas na busca de *ser mais*. Nas narrativas a seguir percebe-se que as OEs compreendem a potência desse espaço/tempo de formação in loco.

> Os momentos de GE são sempre de grande alegria, a medida que sabemos que foi conquistado com muita luta. Nestes dias procuramos fazer com que cada minuto seja bem aproveitado. Momentos divertidos, reflexivos e até mesmo polêmicos surgem a cada dia. Sempre procuramos iniciá-los de forma leve com leituras e dinâmicas de grupo. Mas, as reflexões sobre a prática e o fazer pedagógico sempre são estimulados. Por vezes despertamos sorrisos ou mesmo lágrimas. Assuntos polêmicos, que normalmente envolvem teoria e prática ou a relação família/escola também tornam-se necessários a fim de

mudarmos o modo com que educadores e professores lidam no dia a dia com essas situações (Trecho extraído das cartas).

Para os GEs são levados materiais teóricos que embasam práticas, mas são as práticas cotidianas que enriquecem os movimentos de aprendizagem [...] É muito gratificante quando vejo que um novo olhar sobre o "sempre foi assim" se torna facilitador de novas práticas. Um jeito novo de organizar uma sala, repensar a saída das crianças, propor atividades com elementos naturais, dentre tantas outras oportunidades de discussão que são vivenciadas nos Centros de Educação Infantil (Trecho extraído das cartas).

A conquista de um dia de grupo de estudos em cada mês do ano letivo é enorme, um inegável avanço. Cabe a todos da gestão buscar organizá-los cada vez mais para que deixem pra trás a ideia de ser uma oportunidade de estar sem criança nesse dia e marcar compromisso e possam se tornar um momento de reunião prazerosa, desde o café comunitário até as situações de reflexão acerca da prática de cada um, incluindo a própria gestão. O que mais posso fazer? Como posso realizar melhor? Quem está na educação precisa ser antes de tudo questionador e reflexivo (Trecho extraído das cartas).

Mesmo diante de dificuldades e entrave percebo que o GE possibilitou o desenvolvimento da autonomia compartilhada. Por basear-se no fazer do professor e educador, permitiu recuperar a prática como objeto de formação e reflexão. Contemplou as necessidades de formação, estabeleceu uma relação dinâmica entre o discurso teórico e a prática, possibilitando a criação de vínculos entre o que fazem e pensam os professores e educadores e o que se espera deles, possibilitou a criação de um espírito de grupo calcado na cooperação e apoio mútuo que tornou possível falar sem medo, criticar, dar sugestões, exercitar a autocrítica e propor mudança, visando melhorar o próprio processo formativo. Permitiu a equipe aprender com seus pares (Trecho extraído das cartas).

Os GEs, sem dúvida, traz incertezas ao fazer da orientação escolar. Por onde começar? O que seria importante de ser tratado? Como tornar o dia do encontro de formação produtivos? Diante dessas e de tantas outras questões, trago essa ideia de que sou responsável pelo desafio de estar diante de um tempo de possibilidade, como diz Paulo Freire. É nesse tempo que posso tecer a prática pedagógica e construir um

> espaço e tempo diferenciados [...] As pautas de formação tornaram-se meu norte e, a partir delas comecei a dar o tom que a formação merecia (Trecho extraído das cartas).

Ao ouvir essas vozes, permeando-as com perspectivas dos estudos decoloniais, foi possível perceber que se colocam como uma possibilidade de transformação, pois a partir do momento que pensamos criticamente sobre nossas próprias circunstâncias, os *inéditos-viáveis* anunciam-se. Voltando um pouco no texto, quando destaquei que o faro ainda sentia a colônia do fundamental, novamente apoiada no paradigma indiciário, o golpe de vista pode estar direcionando para a existência de outras essências para fazer novas fragrâncias.

FINALIZANDO O DIÁLOGO: PORQUE É PRECISO ARREMATAR

V

Petrópolis, 04 de março de 2022

Querida ,

Escrevo esta última carta para você em meio a tanta tristeza ocasionada pela tragédia que mais uma vez assolou nossa cidade. Quanta dor, quantas histórias, quantas memórias, quantas experiências, quantas perdas... e quanta solidariedade. Apesar de olharmos com olhos generosos a solidariedade do povo não podemos fechar esses mesmos olhos para a irresponsabilidade que de tempos em tempos coloca Petrópolis em situação catastrófica das tragédias anunciadas e, vamos sendo conformados no contexto das catástrofes naturais. Há um aprendizado social a ser incorporado.

Para isso é preciso ir à raiz dos nossos problemas, aprofundando debates não permitindo que o tão falado nesses últimos dias, "a síndrome do céu azul" se abata sobre nós. Esta é, sem dúvida, uma tarefa que o tempo presente nos cobra diuturnamente. E, embora nos últimos anos haja um movimento de delegar ao professor o papel de técnico de ensino que apenas operacionaliza ações pensadas de fora dos contextos reais de atuação, temos por obrigação moral resistir e fortalecer nossa postura de agente social de mudança. Seria possível nesse momento voltarmos para nossas escolas e simplesmente virar a página do caderno e do livro e seguir com as atividades? Claro que não. A sociedade é composta de homens e mulheres reais que atuam na realidade de acordo com o acúmulo de vivências individuais e coletivas, formando seu repertório de experiências a partir de seu contexto. E hoje, muitos petropolitanos vivem a provisoriedade e insegurança em relação ao amanhã.

É isso que Paulo Freire ressalta quando defende que "viver é um ato político". É político, pois exige que nos posicionemos. E nesse momento somos chamados a mais uma vez olhar para a educação como um elemento potente para rompermos com as condições históricas que essas experiências com as chuvas deixam na cidade. Esse conjunto de experiências vividas constitui nossa memória. E essa memória para ser transmitida depende da linguagem, precisa ser compartilhada, precisa ser narrada. Pois, a partir dessas experiências tomadas como conhecimento as circunstâncias podem ser mudadas.

Experiência, memória, narrativa os três conceitos fundamentais para o estudo que venho realizando, partilhando com vocês. Na primeira carta que enviei destaquei a necessidade de registrarmos as vivências de cada uma na função de Orientador Escolar em centro de Educação Infantil para que essa experiência não seja perdida. Tal qual o momento das tragédias citadas acima, a experiência acumulada, se não fosse "jogada fora", seria de muita serventia para novas decisões e ações.

Walter Benjamin, um dos teóricos que embasa minha pesquisa, chamou atenção para a questão da experiência como um elemento que vinha se perdendo, ressaltando a pobreza da experiência e consequentemente da narrativa, pois, só se tem o que contar se tiver o vivido. O mesmo autor, quando ressalta que é preciso tomar a experiência como saber, destaca que a partir dela é possível "dar conselhos". Aqui chegamos ao ponto de destaque desta última carta. Tal qual Paulo Freire em seu livro "Professora sim, tia não: cartas a quem ousa ensinar" e Antonio Nóvoa em seu texto "Cartas a um jovem pesquisador", peço que você escreva uma carta para um jovem Orientador Escolar de CEI. A partir de sua experiência o que você diria para ela ou ele que de alguma forma ajudaria em seu fazer? Pense nos diferentes aspectos que envolvem a função e deixe seus "conselhos" que originam de seu repertório de conhecimentos acumulados em sua trajetória.

Agradeço de todo meu coração essa experiência compartilhada com você que será registrada no texto final da minha tese. Quanto saber, quanta emoção, quantas memórias foram compartilhadas. Em tempos de distanciamento social, escrever e receber essas cartas aqueceu o coração. Tenha certeza de que cada palavra dita tem o único objetivo de registrar essa rica experiência para que possamos buscar alternativas outras para uma educação infantil mais potente no nosso município.

Não é uma despedida pois, vamos continuar nos encontrando, estudando, jogando conversa fora, enfim, vivendo coletivamente nossa função docente.

Com afeto e admiração,

Sandra

Obs.: Escovando a palavra afetar (rs)... é muito mais do que carinho, afetividade na concepção mais superficial do termo. Significa tocar o outro. E nesse ponto meu afeto é um sentimento profundo da conexão que estabelecemos nos encontros da vida na educação.

Porque se chamava moço
Também se chamava estrada
Viagem de ventania
Nem lembra se olhou pra trás
Ao primeiro passo aço aço aço

Porque se chamava homem
Também se chamavam sonhos
E sonhos não envelhecem [...].[36]

(Milton Nascimento)

Começar o que entendemos como fim não é tarefa fácil, assim como não é iniciar. A sensação é de que muito poderia ter sido feito diferente. E poderia. Mas não foi. O que aqui se apresenta são anúncios e denúncias possíveis aos tempos/espaços que nos cabem, sonhando sempre *sonhos possíveis*.[37] E esses são sempre motivados pelo sentimento de "moço", juventude, não como questão etária, mas como possibilidade de esperança.

A educação é essa estrada envolvida nas ventanias, que uma OE, em uma de suas narrativas, denominou maré. E com ela, a educação, precisamos reafirmar o *comprometimento* que nos permite compreender seus contextos, convocando-nos a novos posicionamentos em busca da transformação da realidade por meio da práxis.

Diferentemente do trecho da epígrafe – "nem lembra se olhou pra trás" –, o estudo que deu origem a este livro constituiu-se também olhando para trás, porém a partir de uma nova mirada, como aprendido com Ginzburg (1989). Esse movimento de *ad-mirar* um pouco da trajetória histórica da constituição da educação infantil na Rede Municipal de Ensino de Petrópolis com base nos desdobramentos pós-LDB n.º 9. 394/96, possibilita-nos olhar o passado a partir do presente, movendo-nos entre o que já é em busca do *ser mais*.

O primeiro capítulo apresentou um campo de possibilidades, todavia recheado de *situações-limites* que historicamente foram se apresentando e se fazendo. Mas imbuídos dos ensinamentos de Freire, mesmo que não se

---

[36] Trecho da letra da música *Clube da Esquina II*, de Milton Nascimento, Lô Borges e Marcio Borges. Disponível em: https://www.webartigos.com/artigos/analise-da-musica-clube-da-esquina-ii-1978/158674. Acesso em: 16 mar. 2022.

[37] Ao longo do texto vários conceitos freireanos são apresentados em itálico, considerando sua significação, que reforça o sentido no texto.

soubesse à época, a certeza do *inacabamento* fez mirar na *utopia* de uma educação infantil outra. Numa época marcada pela esperança de uma educação como direito de todos, democraticamente construída, o que passou a ser considerado como primeira etapa da educação básica alçou voos altos, possibilitados pela luta histórica de muitas mulheres em defesa da educação das crianças pequenas em nosso país.

Os sentimentos juvenis, como concebidos anteriormente, associam-se fortemente ao espírito de *rebeldia*, que representa uma tomada de consciência para a construção de outra sociedade. Assim, anunciando um horizonte diferente para a educação formal da criança de 0 a 5 anos, foi-se enfrentando as situações, buscando olhá-las de modo a problematizá-las, considerando mais as possibilidades do que a ideia do imutável.

A afirmação de Freire de que o mundo não é, está sendo, e por isso pode ser feito de outra forma, sustentou o estudo. As creches foram inseridas ao Sistema Municipal de Ensino, seus espaços e tempos reorganizados a partir dessa lógica, assim como o corpo de profissionais também foi estruturado de modo a trazer maior aproximação com a organização didático-pedagógica almejada.

Contudo, como é possível verificar nas narrativas das OEs, a questão da falta de conhecimento formal sobre concepções educacionais de parte dos profissionais ainda é um nó a ser desatado. Como toda *situação-limite* apresenta-se também com *inéditos viáveis*, por meio das narrativas foi possível perceber que as próprias OEs encontraram brechas por onde caminhar, considerando a formação continuada, dimensão central do estudo. Registrar parte dessa história também se caracteriza como um compromisso ético e político, pois contribui como fonte de informação, construindo memórias.

As questões da profissionalização e da profissionalidade docente marcam a trajetória da educação infantil na Rede, como registrado nas narrativas. Essas questões acabam dificultando ou até mesmo impedindo que um projeto educacional mais potente, que considere mais o delineado pelos dispositivos legais, seja concretizado, uma vez que o que se propõe como projeto político pedagógico fica circunscrito a elas. Porém é preciso projetar o futuro, fortalecidos pelo que o trecho da música apresentado na epígrafe diz, "porque se chamava homem, também se chamavam sonhos e sonhos não envelhecem", engajando-nos a novas ações, com os compromissos éticos e políticos tão conclamados por Paulo Freire (2011, p. 9): "O compromisso, próprio da existência humana, só existe no engajamento com a realidade, de cujas "águas" os homens verdadeiramente comprometidos ficam "molhados", ensopados. Somente assim o compromisso é verdadeiro".

E esse engajamento quanto à formação e às condições do trabalho docente, que na realidade do contexto deste estudo compreendem a formação dos profissionais que desenvolvem o trabalho, principalmente com a faixa etária de 0 a 3 anos, que corresponde à etapa da creche, precisa ser cada vez mais fortalecido também para todas as esferas de atuação do professor.

No momento em que a ventania sopra para o lado da educação como mercadoria, em contraposição à caracterização dada pela Constituição de 1988 como direito, a expropriação das atribuições docentes é facilmente percebida quando os pacotes de produtos e serviços educacionais são oferecidos como facilitadores e salvadores das mazelas educacionais do nosso país.

Assim, vão sendo apresentadas alternativas mais favoráveis à educação do que a escola pública, vista como economicamente custosa, criando narrativas das benfeitorias dos novos modelos sob aparência de avanço, reduzindo a ação docente nos projetos em disputa. No tocante à educação infantil, a defesa da política de *voucher* figurou como uma alternativa, sustentando um discurso de qualidade e eficiência, reeditando programas que já se esperavam superados.

Continuando com as percepções deste estudo, destaco os registros também como fontes de conhecimentos que possibilitam, por exemplo, documentar aspectos considerados importantes para aquele período de transição. Algumas vozes das OEs sinalizaram suas percepções sobre o fim do sonho do projeto democrático, de uma educação infantil mais potente para as crianças brasileiras. Essas vozes, que representam saberes, podem ser o alicerce para uma nova retomada, como defende Benjamin (1987), interrompendo novamente o trem da história que o sistema mundo vem buscando determinar como fazeres da primeira etapa da educação básica.

Ouvir e registrar essas vozes foi o objetivo principal do estudo, de modo a garantir que a memória da constituição histórica não se perca, pois é parte significativa do processo, bem como alimentar a esperança de outras possibilidades, provocando novos debates, fazendo avançar o conhecimento. As cartas pedagógicas como documentos escritos constituem-se como um exercício de diálogo entre o passado, o presente e o futuro. Este livro torna-se, então, uma importante fonte de conhecimento ao mover-se entre o passado e o presente, criando futuros possíveis.

A pesquisa também demonstrou o quanto a indefinição da função do OE na história da educação no Brasil impossibilita que esse sujeito potencialize uma proposta político pedagógica transformadora nas instituições educacionais. Essa observação é ouvida em várias vozes, fazendo ecoar tantas outras já registradas em estudos, livros e pesquisas. Mas não podemos ficar apenas na constatação. É necessário buscar caminhos para apoiar esse sujeito em sua indispensável atuação.

Para tanto é preciso continuar lutando, mobilizando saberes, esforços e trabalho coletivo pela educação, pelas crianças, pela formação dos profissionais, sempre sob a égide dos direitos e não como favores concedidos por alguém. O estudo revelou, a partir das narrativas, que o GE como espaço/tempo de formação coletiva caracteriza-se como espaço potente para a práxis, para a mudança que se quer ver.

Trago aqui para o diálogo a pesquisa de Machado (2015), também realizada na Rede Municipal de Ensino de Petrópolis, que teve como objeto de estudo a formação continuada e em serviço de professores dos anos finais do ensino fundamental, que acontece no contexto do trabalho, a escola, e é dinamizada pelo orientador pedagógico. Tais momentos de formação foram denominados pela autora como ateliês de formação. A relevância desse diálogo por mim considerada é o encontro de outras vozes que compõem outros segmentos da Rede e que estão vivendo e construindo, assim como os CEIs, experiências de formação continuada centrada na própria escola e que podem intercambiar as vivências.

Ouvindo as narrativas, repletas de experiências, podemos perceber as formas de enfrentamento das situações que se colocaram ao longo do processo, das formas de pensar, de se organizar, engendrando caminhos que constituíram saberes a partir de seus cotidianos. Em virtude disso, podemos concluir com Benjamin (2012) que "o narrador é um homem que sabe dar conselhos", destacando o valor da comunicabilidade da experiência, trazendo um trecho do pensamento de Benjamin (1987, p. 198) que diz: "a experiência que passa de pessoa a pessoa é a fonte a que recorreram todos os narradores. E, entre as narrativas escritas, as melhores são as que menos se distinguem das histórias orais contadas pelos inúmeros narradores anônimos".

Assim, podemos entender que há um potencial emancipatório naquilo que pode ter sido considerado como irrelevante, possibilitando-nos voltar a observar alguma situação, buscando encontrar o que está escondido sob ela, ouvindo outras vozes, muitas vezes silenciadas. Como o autor defende,

NARRAR O VIVIDO, NARRAR O NARRADO:
EXPERIÊNCIAS E MEMÓRIAS DE ORIENTADORES ESCOLARES NA EDUCAÇÃO INFANTIL

não se trata de olhar o passado no sentido de contemplação apenas e, sim, considerar intenções passadas, que caso não tenham sido realizadas, possam, por meio de uma ação consciente, ser redimidas.

Anteriormente foram citadas no texto algumas pessoas que na história da educação infantil no nosso país olharam para o futuro almejando uma educação diferente para as crianças. O município de Petrópolis também foi delineando seus passos, abrindo trilhas, ampliando as fronteiras, e ao se deparar com *situações-limites,* foi criando *inéditos viáveis.*

Porém, muitas vezes, as situações vividas outrora podem gerar uma acomodação se forem observadas como algo já dado, concretizado. Dessa forma, tudo vai se tornando automático, as coisas vão se repetindo, provocando uma uniformização das ações, dos pensamentos, legitimando um único saber e fazer, ficando as singularidades à margem. Nesse processo corremos o risco de agir como autômatos, como também descreveu Benjamin (Löwy, 2005).

No início do processo de escuta das participantes do estudo, uma OE destacou uma frase marcada em sua memória sobre os momentos de formação: "A missanga, todos a veem. Ninguém nota o fio que, em colar vistoso, vai compondo as miçangas. Também assim é a voz do poeta: um fio de silêncio costurando o tempo", citação de abertura do livro *O fio das missangas,* de Mia Couto (2003). O que foi dito naquele momento para descrever o papel da função do OE nas instituições educacionais, agora penso que também pode ser utilizado para fazer insurgir outros entendimentos, um deles, a ruptura com o silêncio, que vai costurando o tempo, conformando corpos e mentes.

As miçangas do colar vistoso, metaforicamente podem ser pensadas também como os tecidos num *pacthwork,* pois, com suas singularidades, contribuem com a beleza do todo.

O fio de silêncio costurando o tempo pode ser interpretado num sentido figurado como emudecendo vozes, o que provoca, de acordo com Benjamin (1994), a perda da narrativa, fazendo declinar o significado da transmissão das experiências de geração em geração. E o autor é categórico ao afirmar que o historiador é o responsável por resgatar as vozes daqueles que não foram ouvidos na escrita da história oficial.

Thompson (1981), em *Miséria da teoria,* refuta a ideia de uma única história ou verdade, pois ela não daria conta da complexidade da vida humana. Aproximando essas reflexões do contexto do estudo apresentado neste livro, podemos perceber o quão verdadeira é essa interpretação.

A função de OE na trajetória da educação brasileira é deveras pesquisada, estruturada. É um campo de estudo forte no meio acadêmico, pois compreende-se sua importância para a educação, principalmente se considerarmos o acompanhamento do trabalho pedagógico, dos fazeres docentes. Porém sua formulação não pode ser olhada apenas sob o pilar da regulação, pensada de maneira hierarquizada e verticalizada pelas políticas públicas.

Como foi possível inferir neste estudo, muitas peças representando as singularidades da educação infantil não foram consideradas nem no colar, nem no quebra cabeça. Mas também constatamos a força das *situações-limites* que levaram a experiência coletiva a criar *inéditos viáveis*, que podemos aqui dialogar com uma passagem do texto de Benjamin (Löwy, 2005, p. 51, 52), quando ele reflete sobre a redenção messiânica "Não há um Messias enviado do céu: somos nós o Messias, cada geração possui uma parcela do poder messiânico e deve se esforçar para exercê-la [...] O único messias possível é o coletivo".

Neste ponto encontramo-nos também com Thompson, destacando que para o autor, "a experiência surge espontaneamente no ser social, mas não surge sem pensamento. Surge porque homens e mulheres (e não apenas filósofos) são racionais e refletem sobre o que acontece a eles e ao seu mundo" (Thompson, 1981, p. 16 *apud* Schueler, 2014, p. 105).

Essa experiência coletiva de refletir sobre o que se passa, o que nos afeta, é uma forma de pressionar e propor novas questões a serem observadas, consideradas, refletidas. Ressaltando Larrosa (2002), a experiência não espera discretamente o momento em que será convocada, ela entra sem bater à porta porque já existe em cada sujeito que a viveu. E essa experiência não comporta a homogeneidade, pois tal qual a assimetria dos tecidos para o *pacthwork*, a singularidade individual vai formando o trabalho com base nos diversos olhares e saberes da coletividade.

E é essa experiência que retrata o que Benjamin (2012, p. 205) assim define: "Ela (a narrativa) mergulha a coisa na vida do narrador para em seguida retirá-la dele. Assim, se imprime na narrativa a marca do narrador, como a mão do oleiro na argila do vaso". E é narrando experiências comuns que homens e mulheres vão articulando a identidade de seus interesses entre si. Esse processo é concebido por Thompson (1981) como classe, pois unifica pessoas e situações com vivências singulares, conscientizando-as sobre as experiências comuns.

Intercambiar essas experiências para prosseguir na luta por fazê-las ressoar, possibilita a escrita de outra história, construindo conhecimento coletivamente, pois estão cheias de ensinamentos, sendo nossa responsabilidade resgatar, superando a "morte" da narrativa uma vez que a experiência está viva. Nesse sentido, quando voltamos ao aporte teórico de Thompson (1981) em *Miséria da teoria*, deparamo-nos com a pertinência de seus estudos ao constatar que os referenciais teóricos dos campos da orientação escolar e da formação continuada não dão conta de toda a complexidade da singularidade do contexto dos CEIs da Rede Municipal de Petrópolis.

E por isso podemos também permutar experiências baseados em alguns conselhos (Benjamin, 2012), na tentativa de construir saberes a partir daqueles construídos na prática. Um conselho que uma OE dá a um(a) jovem OE sintetiza bem o valor da experiência:

> Quando chegar em um espaço, escute, observe e depois planeje sua tomada de decisões. Alguns colegas já deram passos importantes antes de sua chegada, então pesquise na sua Unidade Escolar quais foram. Tal atitude oportunizará a continuidade do processo (Trecho extraído das cartas).

Esse conselho parece ser essencial para quem está chegando a um lugar com a postura de respeito aos saberes que ali circulam. Por isso, tal qual a última narrativa, outras OEs destacam que é preciso "ter em mente o quão importante será ouvir a equipe e a comunidade e ouça o que os envolvidos têm a dizer" (Trecho extraído das cartas) Podemos aqui refletir a partir do que nos ensina Freire, de que não "há estado absoluto de ignorância ou de saber" (Freitas, 2018, p. 423).

Imbuídos desse movimento de escuta, alguns conselhos são direcionados ao ato de estudar. E vou aqui aproximar o primeiro conselho, que é ouvir no sentido do que nos propõe o movimento da práxis.

Como ao longo do texto fui buscando apoio nos ensinamentos de Freire para sustentar minhas reflexões, considero que neste ponto sua abordagem é essencial. Em *Ação cultural para a liberdade e outros escritos* (1981), o autor aborda especificamente o que significa estudar. Sua afirmação "Estudar é, realmente, um trabalho difícil. Exige de quem o faz uma postura crítica, sistemática. Exige uma disciplina intelectual que não se ganha a não ser praticando-a" (p. 8) leva-nos a praticar o que ele mesmo define como permanente inquietação intelectual, buscando relações entre o conteúdo e o objeto de estudo.

Lembrando novamente as palavras do poeta de que "leis não bastam..." e os estudos de Thompson (1981) em *Miséria da teoria*, é possível inferir que somente estudando as leis e praticando a teoria é que podemos "perceber o condicionamento histórico-sociológico do conhecimento" (p. 9), para que, como sujeitos, possamos reescrevê-lo a partir de outra significação, uma vez que "estudar é também e sobretudo pensar a prática e pensar a prática é a melhor maneira de pensar certo" (p. 10).

Parece que as narrativas encontram-se com o que Paulo Freire destaca como processo de problematização, que exige disciplina e um processo sistemático e contínuo de imersão nos saberes propostos, indagando suas relações com o próprio mundo, estimulando a compreensão. Só assim esses saberes propostos serão encarados como desafios a serem contextualizados e não prescrição a ser seguida, num verdadeiro diálogo com o texto baseado em seus contextos. Ao longo do texto verificou-se que muitas leis já foram criadas, um farto referencial teórico sobre várias dimensões sobre as quais vertem este estudo, mas ouvir algumas vozes de sujeitos praticantes desse processo oferece a oportunidade de se conhecer o contexto pelo seu avesso.

Uma narrativa de uma OE evidencia a importância do ato de estudar para ela quando iniciou na função:

> Foi assim que me dediquei a essa nova função. Tive o cuidado de entender as concepções de infância, de creche e de currículo, entender a história das creches na Rede Municipal e sua proposta curricular e como a creche que eu iniciava a função era concebida e tratada cotidianamente. Foi assim que voltei meu olhar para o cotidiano da creche que passou a ser meu norte. Fiz um caderno de anotações com as percepções que saltavam aos meus olhos, que me impressionavam e que eu podia articular com as ideias que apareciam nos estudos que fazia. Iniciei assim uma trajetória pessoal de estudos (Trecho extraído das cartas).

Dialogando com a narrativa, quando menciona seu caderno de anotações, podemos citar Wright Mills (1965), no que ele chama de "ficha de ideias". Freire (1996) ressaltava a importância do registro das observações, das conversas, das reflexões que podem acontecer até quando se está caminhando.

De diferentes maneiras, o ato de estudar apareceu nos conselhos das OEs para jovens orientadores, inferindo que é uma ação inerente à função:

> Um conselho que jamais poderia deixar de dar é: estude!";
> "[...] curiosidade para buscar respostas e por fim, gostar de
> estar sempre aprendendo"; "atualize-se sempre, tenha sede de
> conhecimento e não se esqueça de compartilhar suas desco-
> bertas. Um conhecimento que não é partilhado e multiplicado
> é apenas um conhecimento, assim como um livro fechado";
> "reflita sobre a sua prática e crie momentos em que os educa-
> dores também o façam"; "quanto a sua formação pessoal, ela
> é uma mola propulsora, renove-se, esteja sempre em contato
> com oportunidades de aperfeiçoamento" (Trechos extraídos
> das cartas).

Aos conselhos ouvir e estudar junta-se outro que explícita ou implici-
tamente aparece nas narrativas e mais uma vez será aqui interpretado a partir
dos ensinamentos de Freire. O terceiro conselho aponta a humildade como
uma dimensão significativa para o exercício da função. Penso que a postura
exigida pelos dois conselhos anteriores já demonstra uma postura humilde,
não no sentido literal, que pode indicar um sentimento de fraqueza, pouco
valor, submissão. Ao contrário, na concepção freireana temos a humildade
como uma exigência na luta pelo respeito, tanto de seus próprios direitos
quanto pelos dos demais, pois ela compromete-se com a conscientização.
Assim, as narrativas foram indicando que a postura humilde deve estar
presente nas relações:

> [...] procure levar os professores e educadores a lhe verem
> como um parceiro pronto a ajudá-los"; "esteja por perto [...]
> peça sugestões"; "Porém, se não for possível, dê um passo atrás,
> seja humilde e refaça o caminho; "aproxime-se da comunidade
> escolar e procure ser acessível [...] nunca se esqueça: antes de
> falar, ouça" (Trecho extraído das cartas).

Saber escutar é uma virtude pedagógica nos ensinamentos de Freire
(1996), para quem o diálogo é o princípio fundante do ato de educar, pois se
compromete verdadeiramente com o outro, com o respeito pela sua palavra. Neste ponto, considero pertinente apresentar outro conselho deixado
pelas participantes desta pesquisa, que versa sobre a coletividade. Sobre
essa dimensão, Benjamin (2012) instiga-nos a pensar, como já apresentado
anteriormente, o coletivo com caráter messiânico, aquele que toma para si
a responsabilidade do fazer, o que, ao contrário dos interesses individuais,
conclama a participação ativa de todos. "Não há messias enviado do céu:
nós somos o messias" (Löwy, 2005, p. 51). Assim, sem desconsiderar o contexto e o objetivo pelo qual foi criado, abordo a ideia de conceito de classe

de Thompson (1981), que traz o significado de encontro de alguns sujeitos com experiências comuns que articulam a identidade de seus interesses.

Sobre essa dimensão, também busco apoiar as reflexões no pensamento freireano que ressalta a importância do trabalho coletivo para a superação dos limites pessoais, no qual o exercício dialógico é fundamental, pautando-se nas ações da prática refletidas a partir de teorias, com vista à transformação almejada. Com isso em mente, a narrativa a seguir muito contribui para o diálogo, deixando um conselho enriquecedor: "Tente manter um grupo de colegas com a mesma função com o intuito de troca de experiências. Como é enriquecedor saborear experiências alheias, se fortalecer e aprender com elas e comunicar as suas para que o outro tenha a mesma oportunidade que você" (Trecho extraído das cartas).

Quando uma participante aconselha "tenha uma rede colaborativa com colegas da Rede", também está sinalizando para a robustez do coletivo que, continuando com a ação de escovar as palavras como em tantos outros momentos do texto, significa, no sentido literal, um conjunto de indivíduos reunidos para um fim comum. Ao buscar a etimologia da palavra, encontrei no latim que *colligere* significa "colher junto, reunir" de *com* "junto", e *legere* "colher, arrancar da planta". Entender juntos para um fim comum requer compromisso com o vínculo, como foi aconselhado: "Promover a amizade e o companheirismo no espaço educativo faz toda a diferença"; "É importante criar laços de confiança e vínculo. Vínculo é a palavra-chave para que as relações ocorram" (Trechos extraídos das cartas). E vínculo remete ao amor, que também aparece nos conselhos, como se pode verificar:

> Para um orientador iniciante antes do conhecimento acerca do assunto a ser tratado é importante ter amor ao que pretende fazer: compaixão para compreender as dificuldades e fraquezas; empatia para poder encontrar diferentes caminhos que possam levar ao mesmo fim, já que cada um pode trilhar de diferentes formas e chegar ao mesmo lugar; retidão para não se perder no meio de tantas forças, correntes e amarras que surgem [...] (Trecho extraído das cartas).

Falar de amor na perspectiva freireana é mergulhar no conceito de amorosidade, que pode ser sentido ao ouvir os conselhos, pois ele materializa-se no compromisso com o outro. Paulo Freire (2019) nos ensina que esse compromisso está na humildade, na solidariedade, no respeito, na acolhida, no diálogo, posturas claramente definidas nas narrativas. Ao ouvir essas vozes a respeito do amor é possível reconhecer a afirmação de

Freire (2019, p. 111): "Porque é um ato de coragem, nunca de medo, o amor é compromisso com os homens". "Dê-lhes a mão [...]"; "Desenvolva habilidades interpessoais [...]"; "Caro colega, se amas o que fazes, o que aceitou como desafio seja um entusiasta com a sua escolha! Olhe nos olhos, permita-se conhecer e ser conhecido" (Trechos extraídos das cartas) são conselhos repletos de amorosidade.

Com esse último conselho ficamos diante do conceito de alteridade defendido por Freire, quando ressalta que o eu constitui-se na relação com o outro, conhecendo-se e permitindo-se ser conhecido. Assim, dar as mãos, olhar nos olhos, são ações que exigem confiança, conceito assim definido por Fernandes (2018, p. 97), situando-o no contexto freireano:

> A confiança é construída por atitudes de respeito como acolhimento, nos limites das relações humanas possíveis, entremeadas de afeto e de disponibilidade para o diálogo. A confiança não é dada por relações abertas, ela é construída junto com a humildade, com a crença de que o possível é também construção ética a transitar entre o pessoal e o social, ou melhor, entre o individual e o social que nos constroem pessoas situadas no e com o mundo.

E essa confiança recíproca entre sujeitos permite que eles se fortaleçam na superação de desafios comuns no e com o mundo. E é nessa relação entre pessoas que a alteridade vai se constituindo por meio do diálogo, da ação, da reflexão, transformando uns e outros e seus próprios contextos.

Duas narrativas aproximam o princípio da alteridade, aqui considerado com a humanização, também com base na perspectiva freireana, para quem esse é um processo de busca por ser mais. "O humano precisa de humanidade, é neste relacionamento que nos constituímos, nos reconhecemos e fortalecemos" (Trecho extraído das cartas); e citando Carl Jung, uma OE disse: "Conheça todas as teorias, domine todas as técnicas, mas ao tocar uma alma humana, seja apenas outra alma humana" (Trecho extraído das cartas).

A busca por ser mais no processo de humanização é a conscientização do caráter inacabado do homem, que a partir da reflexão-ação coloca-se no movimento de enfrentar as situações desafiadoras que o limite impõe, como afirma Freire (2019, p. 104): "Desta forma, aprofundando a tomada de consciência da situação, os homens se 'apropriam' dela como realidade histórica, por isso mesmo, capaz de ser transformada por eles".

Dois conselhos dados por participantes são bastante significativos para reforçar o entendimento do nosso inacabamento "Saiba que continuará sendo uma pessoa em evolução e em constante aprendizagem. Por isso não se culpe pelos erros cometidos inicialmente, eles ajudarão você em seu amadurecimento e aprendizado profissional"; "Todos nós precisamos nos apoiar, não apontar erros ou falhas. Também fazemos parte do processo" (Trechos extraídos das cartas). Falar de erros nesse contexto é considerar que estamos aprendendo, sendo, vivendo e, por isso, correndo riscos.

E essa aventura criadora, novamente trazendo a etimologia da palavra criança, que significa criar, vem expressa no conselho a seguir:

> Me norteio por tentar entender e experimentar a concepção de criança como protagonista do seu (nosso) processo de aprendizagem. Compreender a criança como centro do seu processo de aprendizagem me ajudou a olhar para ela de um modo diferente e me ajudou a experimentar a prática pedagógica como construção a partir de uma perspectiva relacional. Entender essa concepção então, me mostrou que o ensinar na Educação Infantil está mais centrado na voz e na vez das crianças do que no saber do professor. No entanto, é pelo saber do professor que essa perspectiva pode acontecer. É no perceber a criança como potente, no aqui e agora, que se materializa a escuta do adulto com o qual ela se relaciona. Então, o conselho que dou aos orientadores escolares que estão iniciando a sua prática é conhecer os documentos e os avanços históricos da Educação Infantil, mas sobretudo mergulhar a fundo na vivência que pode ser fortalecida na relação com a criança. É buscar na interação, no brincar, na escuta e no encontro o material a ser narrado e transformado em prática educativa. No mais, é a vontade de ter a Educação Infantil pela referência de trabalho do que de preparação para o ensino fundamental. A riqueza das crianças cria a qualidade de trabalho que vem sendo defendida por tantas lutas (Trecho extraído das cartas).

Rever o caminho percorrido e perceber a contribuição do livro é bastante gratificante. Para mim, este texto caracteriza-se como a última característica das cartas pedagógicas apresentada por Camini (2012), quando enfatiza que elas precisam de resposta. O texto materializa-se como uma possível resposta às cartas trocadas com os sujeitos da pesquisa, podendo também ser o estímulo para novas cartas, novas reflexões, novas narrativas. Fica o convite, pois voltando à epígrafe do início do trabalho: "'O que passou não conta?', indagarão as bocas desprovidas. Não deixa de valer nunca".

REFERÊNCIAS

ABREU, N. B.; SILVA, M. S. Tudo muda, mas nada muda: o diferencial feminino e a divisão sexual do trabalho. **Caderno Espaço Feminino**, Uberlândia, v. 29, n. 1, p. 294-309, jan./jun. 2016.

AHLBERG, A. **O carteiro chegou**. Rio de Janeiro: Companhia das Letrinhas, 1986.

ALVES, N. Decifrando o pergaminho – O cotidiano das escolas nas lógicas das redes cotidianas. *In*: OLIVEIRA, I. B. de; ALVES, N. **Pesquisa no/do cotidiano das escolas** – Sobre redes de saberes. Rio de Janeiro: DP&A, 2001. p. 13-38.

ALVES, N. Sobre os movimentos das pesquisas no/dos/com os cotidianos. **Revista Teias**, Rio de Janeiro, ano 4, n. 7-8, p. 1-8, jan./dez. 2003.

ALVES, A. J. A "revisão da bibliografia" em teses e dissertações: meus tipos inesquecíveis. **Cadernos de Pesquisa de São Paulo**, São Paulo, n. 81, p. 53-60, 1992.

ANDRÉ, M. Formação de professores: a constituição de um campo de estudos. **Educação**, Porto Alegre, v. 33, n. 3, p. 174-181xx, 2010.

ARAGÃO, S.; ZANFELICE, C. C. Reflexões sobre como produzir e servir um banquete. *In*: **Modos de fazer pesquisa narrativa**: aproximando vida e cultura. São Carlos: Pedro & João Editores, 2020.

ARROYO, M. G. **Outros sujeitos, outras pedagogias**. Petrópolis: Vozes, 2012.

BALLESTRIN, L. A América Latina e o giro decolonial. **Revista Brasileira de Ciência Política**, Brasília, n. 11, p. 89-117, maio/ago. 2013.

BAPTISTA, L. A.; LIMA J. G. Itinerário do conceito de experiência na obra de Walter Benjamin. **Princípios Revista de Filosofia**, Rio Grande do Norte, v. 20, n. 33, jan./jun. 2013.

BENJAMIN, W. **Magia e técnica, arte e política**: ensaios sobre literatura e história da cultura. São Paulo: Brasiliense, 1987.

BENJAMIN, W. O narrador. *In*: **Magia e técnica, arte e política**: ensaios sobre literatura e história da cultura. São Paulo: Brasiliense, 1987.

BENJAMIN, W. Experiência e pobreza. *In*: **Magia e técnica, arte e política**: ensaios sobre literatura e história da cultura. São Paulo: Brasiliense, 1987.

BENJAMIN, W. **Reflexões sobre a criança, o brinquedo e a educação**. São Paulo: Duas cidades; Editora 34, 2009.

BENJAMIN, W. **Charles Baudelaire**: um lírico no auge do capitalismo. São Paulo: Brasiliense, 1994.

BERTAUX, D. **A imaginação metodológica**. Lisboa: Mundos Sociais, 1985.

BORTOLOTTI, S. C. M. **O espaço na educação infantil**: organização e uso. Curitiba: Editora Appris, 2015.

BRANDÃO, C. R. **O que é o método Paulo Freire**. São Paulo: Brasiliense, 1981.

BRASIL. **Parecer CNE/CEB n.º 16, de 3 de agosto de 2005**. Proposta de Diretrizes Curriculares Nacionais para a área profissional de Serviços de Apoio Escolar. Brasília, 2005.

BRASIL. **Lei n.º 9.424, de 24 de dezembro de 1996**. Dispõe sobre o Fundo de Manutenção e Desenvolvimento do Ensino Fundamental e de Valorização do Magistério, na forma prevista no art. 60, § 7º, do Ato das Disposições Constitucionais Transitórias, e dá outras providências. Brasília, 1996.

BRASIL. **Educação pré-escolar**: uma nova perspectiva nacional, Brasília, 1975.

BRASIL. **Lei n.º 9.394 de 20 de dezembro de 1996**. Estabelece as Diretrizes e Bases da Educação Nacional. Brasília, 1996

BRASIL. Ministério da Educação. Secretaria de Educação Fundamental. **Referencial Curricular Nacional para a Educação Infantil**. Brasília, 1998.

BRASIL. **Lei n.º 12.796, de 4 de abril de 2013**. Altera a Lei n.º 9.394, de 20 de dezembro de 1996, que estabelece as Diretrizes e Bases da Educação Nacional, para dispor sobre a formação dos profissionais da educação e dar outras providências. Brasília, 2013.

BRASIL. **Resolução n.º 2, de 1º de julho de 2015**. Define as Diretrizes Curriculares Nacionais para a formação inicial em nível superior (cursos de licenciatura, cursos de formação pedagógica para graduados e cursos de segunda licenciatura) e para a formação continuada. Brasília, 2015.

BRASIL. **Resolução CNE/CP n.º 2, de 20 de dezembro de 2019**. Define as Diretrizes Curriculares Nacionais para a Formação Inicial de Professores para a Educação Básica e institui a Base. Nacional Comum para a Formação Inicial de Professores da Educação Básica (BNC-Formação). Brasília, 2019.

BRASIL. **Parecer CNE n.º 16, de 03 de agosto de 2005**. Parecer de reconhecimento dos ensinos fundamental e médio no âmbito do Mercosul. Brasília, 2005.

BRASIL. Ministério da Educação e do Desporto. Secretaria de Educação Fundamental. Coordenação de Educação Infantil. **Política Nacional de Educação Infantil**. Brasília: MEC/SEF/Coedi, 1994.

BRASIL. **Lei n.º 11.494, de 20 de junho de 2007**. Regulamenta o Fundo de Manutenção e Desenvolvimento da Educação Básica e de Valorização dos Profissionais da Educação (Fundeb). Brasília, 2007.

CAMINI, I. **Cartas pedagógicas**: aprendizados que se entrecruzam e se comunicam. Porto Alegre: Escola de Teologia e Espiritualidade Franciscana, 2012.

CAMPOS, M. M.; ROSEMBERG, F.; FERREIRA, I. M. **Creches e pré-escolas no Brasil**. 2. ed. São Paulo: Cortez, 2001.

CANDAU, V. M. (org.). **Magistério**: construção cotidiana. Petrópolis: Vozes, 1997. p. 51-68.

CERISARA, A. B. **A construção da identidade das professoras de Educação Infantil**: entre o feminino e o profissional. São Paulo: Universidade de São Paulo, 1996.

CILLIERS, P. Porque não podemos conhecer as coisas complexas completamente. *In*: GARCIA, R. L. **Método, métodos, contramétodo**. São Paulo: Cortez, 2003.

CHALUH, L. N.; BRANDE, C. A.; ARAGÃO, J. S.; ROSALEN, P. **Modos de fazer pesquisa narrativa**: aproximando vida e cultura. São Carlos: Pedro & João Editores, 2020.

COELHO, E. P. Uma introdução à pedagogia da correspondência em Paulo Freire. **EccoS**, São Paulo, n. 26, p. 59-73, jul./dez. 2011.

CORSINO, P. O cotidiano na educação infantil. *In*: BRASIL/MEC. **Boletim Salto para o futuro**: cotidiano na educação infantil, Brasília, n. 23, p. 3-13, nov. 2006.

COSTA, D. Politicidade. *In*: STRECK, D.; REDIN, E.; ZITKOSKI, J. J. (org.). **Dicionário Paulo Freire**. 4. ed. rev. e aum. Belo Horizonte: Autêntica, 2018. p. 75-76.

COSTA, H. M. Trabalho, capitalismo e a precarização da função docente. *In*: 39ª REUNIÃO NACIONAL DA ANPED. **Anais** […]. Universidade Federal Fluminense, Niterói, 2019.

CHRISTOV, L. H. da S. **Teoria e prática**: o enriquecimento da própria experiência. *In*: O coordenador pedagógico e a educação continuada. São Paulo: Loyola, 2007. p. 32-34.

DAVID, R. S. A construção da identidade do pedagógico e seu perfil profissional no contexto atual. **Revista Labor**, Ceará, v. 1, n. 17, p. 143-157, 31 jul. 2017.

DICKMANN, I.; PAULO, F. S. **Cartas pedagógicas**: tópicos epistêmico-metodológicos na educação popular. 1. ed. Chapecó: Livrologia, 2020. v. 2. (Coleção Paulo Freire).

ECKHARDT, F. **O outro sou eu também**: a formação de professores das classes populares em diálogo com Paulo Freire e Enrique Dussel. Curitiba: Editora Appris, 2020.

ESTEBAN, M. T. **Avaliar**: ato tecido pelas imprecisões do cotidiano. Disponível em: http://23reuniao.anped.org.br/textos/0611t.PDF. Acesso em: 15 jan. 2022.

FEITOSA, S. **Método Paulo Freire**: princípios e práticas de uma concepção popular de educação. São Paulo: Faculdade de Edução da Universidade de São Paulo, 1999.

FERNANDES, T. M. **Professoras de educação infantil**: dilemas da constituição de uma especificidade profissional: uma análise sobre a produção científica brasileira (1996-2009). Florianópolis: Universidade Federal de Santa Catarina, 2010.

FERNANDES, C. C. Confiança. *In*: STRECK, D.; REDIN, E.; ZITKOSKI, J. J. (org.). **Dicionário Paulo Freire**. 4. ed. rev. e aum. Belo Horizonte: Autêntica, 2018. p. 97-98.

FINCO, D.; GOBBI, M. A.; FARIA, A. L. G. (org.). **Creche e feminismo**: desafios atuais para uma educação descolonizadora. Campinas: Edições Leitura Crítica; Associação de Leitura do Brasil (ALB); São Paulo: Fundação Carlos Chagas (FCC), 2015.

FOX, M. **Guilherme Augusto Araújo dos Fernandes**. São Paulo: Companhia das Letras, 1984.

FREITAS, L. C. Em direção a uma política para a formação de professores. **Em Aberto**, Brasília, ano 12, n. 54, p. 3-22, abr./jun. 1992.

FREITAS, A. L. S. **Pedagogia da conscientização**: um legado de Paulo Freire à formação de professores. Porto Alegre: Editora da Pontifícia Universidade Católica do Rio Grande do Sul, 2001.

FREITAS, H. C. L. PNE e formação de professores: contradições e desafios. **Revista Retratos da Escola**, Brasília, v. 8, n. 15, p. 427-446, jul./dez. 2014.

FREITAS, A. L. S. Saber de experiência feito. *In*: STRECK, D.; REDIN, E.; ZITKOSKI, J. J. (org.). **Dicionário Paulo Freire**. 4. ed. rev. e aum. Belo Horizonte: Autêntica, 2018. p. 423-425.

FREIRE, P. O papel da humanização. **Revista Paz e Terra**, São Paulo, n. 9, p. 123-132, 1969.

FREIRE, P. **Ação cultural para libertação e outros escritos**. São Paulo: Paz e Terra, 1976.

FREIRE, P. **Professora sim, tia não**: cartas a quem ousa ensinar. São Paulo: Olho d'Água, 1995.

FREIRE, P. **Pedagogia do oprimido**. 69. ed. Rio de Janeiro; São Paulo: Paz e Terra, 2019.

FREIRE, P. **Por uma pedagogia da pergunta**. Rio de Janeiro: Paz e Terra, 1985.

FREIRE, P. **Pedagogia da autonomia**: saberes necessários à prática educativa. Rio de Janeiro: Paz e Terra, 1996.

FREIRE, P. **Pedagogia da indignação**. São Paulo: Universidade Estadual Paulista, 2000.

FREIRE, P. **Educação e mudança**. 41. ed. Rio de Janeiro; São Paulo: Paz e Terra, 2011.

FREIRE, P. **Pedagogia da Esperança**. 27. ed. Rio de Janeiro; São Paulo: Paz e Terra, 2020.

FREIRE, M. **Observação, registro e reflexão. Instrumentos metodológicos I**. 2. ed. São Paulo: Espaço Pedagógico, 1996.

FÜLLGRAF, J. B. G. **A infância de papel e o papel da infância**. 2001. 156 f. Dissertação (Mestrado em Educação) – Universidade Federal de Santa Catarina, Florianópolis, 2001.

GALEANO, E. **O livro dos abraços**. Porto Alegre: L&PM, 1995.

GALEANO, E. **Dias e noites de amor e de guerra**. Tradução: Eric Nepomuceno. Porto Alegre: L&PM Editores, 2001.

GARCIA, R. L. (org.). **Método**: pesquisa com o cotidiano. Rio de Janeiro: DP&A, 2003.

GARCIA, R. L. **A orientação educacional e a democratização do ensino**. Disponível em: http://grupalfa.sites.uff.br/memorial-regina/biblioteca-regina-leite-garcia/1986. Acesso em: 20 jan. 2022.

GARCIA, M. C. Desenvolvimento profissional docente: passado e futuro. Sísifio. **Revista de Ciências da Educação**, Americana/SP, n. 8, p. 7-16, jan./abr. 2009.

GATTI, B. A. Formação de professores no Brasil: características e problemas. **Educação & Sociedade**, Campinas, v. 31, n. 113, p. 1355-1379, out./dez. 2010.

GATTI, B. A. Professores do Brasil: novos cenários de formação. *In*: GATTI, B. A.; BARRETO, E. S. de S.; ANDRÉ, M. E. D. A. de; ALMEIDA, P. C. A. de. **Título do capítulo**. Brasília: Unesco, 2019.

GINZBURG, C. **Mitos, emblemas e sinais**: morfologia e história. São Paulo: Companhia das Letras, 1989.

GIMENO-SACRISTÁN, J. Consciência e acção sobre a prática como libertação profissional dos professores. *In*: NÓVOA, A. (org.). **Profissão professor**. Porto: Porto Editora, 1995.

IMBERNÓN, F. **Formação permanente do professorado**: novas tendências. 1. ed. São Paulo: Cortez, 2009.

IMBERNÓN, F. **Formação continuada de professores**. Tradução: Juliana dos Santos Padilha. Porto Alegre: Artmed, 2010.

IMBERNÓN, F. **Formação docente e profissional**: formar-se para a mudança e a incerteza. São Paulo: Cortez, 2011.

JARDILINO, J. R. L. Notas do debate com Marli André sobre "Campo de Pesquisa na Formação de Professores. **Revista Brasileira de Pesquisa sobre Formação de Professores**, Belo Horizonte, v. 13, n. 28, p. 9-14, set./dez. 2021.

KRAMER, S. **Infância, educação e direitos humanos**. São Paulo: Cortez, 2003.

LACLAU, E. Universalismo, particularismo e a questão da identidade. *In*: MENDES, C. (coord.). **Pluralismo cultural, identidade e globalização**. Rio de Janeiro: Record, 2001. p. 229-250.

LARROSA, J. **Notas sobre a experiência e o saber da experiência**. Tradução: João Wanderley Geraldi. Campinas: Universidade Estadual de Campinas, 2002.

LESSARD, C. **Políticas educativas**: a aplicação na prática. Petrópolis: Vozes, 2016.

LIMA, M. E. C.; GERALDI, C. M. G.; GERALDI, J. W. O trabalho com narrativas na investigação em educação. **Educação em Revista**, Belo Horizonte, v. 31, n. 1, p. 17-44, jan./mar. 2015.

LÖWY, M. **Walter Benjamin**: aviso de incêndio: uma leitura "Sobre o conceito de história". São Paulo: Boitempo, 2005.

MAGALHÃES, L. D. R.; TIRIBA, L. **Experiência**: o termo ausente? Sobre história, memória, trabalho, educação. Uberlândia: Navegando Publicações, 2018.

MAINARDES, J. Abordagem do ciclo de políticas: uma contribuição para a análise de políticas educacionais. **Educação e Sociedade**, Campinas, v. 27, n. 94, p. 47-69, jan./abr. 2006.

MANFREDI, S. M. Trabalho, qualificação e competência profissional – Das dimensões conceituais e políticas. **Educação & Sociedade**, Campinas, n. 19, p. 7-9, set. 1998.

MARCONDES, M.; YANNOULAS, S. C. Práticas sociais de cuidado e a responsabilidade do Estado. **Revista Ártemis**, João Pessoa, v. 13, p. 174-186, jan./jul. 2012.

MACHADO, J. C. **Ateliê de formação constinuada e em serviço de professores**: desafios e possibilidade. Niterói: Universidade Federal Fluminense, 2015.

MAGALHÃES, L. D. R.; TIRIBA, L. **Experiência**: o termo ausente? Sobre história, memória, trabalho, educação. Uberlândia: Navegando Publicações, 2018.

MATOS, P. C. G. V. **Coordenador pedagógico da educação infantil e as necessidades formativas na escola**: enfrentamentos e possibilidades. São Paulo: Pontifícia Universidade Católica de São Paulo, 2020.

MILLS, C. W. **A imaginação sociológica**. Rio de Janeiro: Zahar Editores, 1965.

MIGNOLO, W. **A colonialidade de cabo a rabo**: o hemisfério ocidental no horizonte conceitual da modernidade. Buenos Aires: CLACSO, 2005.

NUNES, M. F. R. **Educação infantil no Brasil**: primeira etapa da educação básica. Brasília: Unesco; Ministério da Educação/Secretaria de Educação Básica; Fundação Orsa, 2011.

NÓVOA, A. **Os professores e sua formação**. Lisboa: Publicações Dom Quixote, 1992.

NÓVOA, A. **Professores**: imagens do futuro presente. Lisboa: Educa, 2009.

OLIVEIRA, I. B. Cotidianos aprendentes: Nilda Alves, Regina Leite Garcia e as lições nos/dos/com os cotidianos. **Momento**, Rio Grande v. 25, n. 1, p. 33-49, jan./jun. 2016.

PASQUALINI, J. C.; MARTINS, L. M. A educação infantil em busca de identidade: análise crítica do binômio "cuidar-educar" e da perspectiva antiescolar em Educação Infantil. **Psicologia da Educação**, São Paulo, n. xx, p. xx, dez. 2008.

PETRÓPOLIS. **Resolução n.º 01, de 02 de janeiro de 2007**. Aprova o Regimento Escolar que determina a estrutura, a organização e as normas de funcionamento das escolas e Centros de Educação Infantil da Rede Municipal de Ensino de Petrópolis.

PETRÓPOLIS. **Decreto n.º 833, de 22 de abril de 2004**. Dispõe sobre a criação dos Centros de Educação Infantil da Rede Municipal de Ensino em atendimento à Lei n.º 9.394/96. Petrópolis, 2004.

PETRÓPOLIS. **Lei n.º 6.807, de 27 de dezembro de 2010**. Dispõe sobre a reorganização da estrutura administrativa da Administração Direta no âmbito da Secretaria de Educação. Petrópolis, 2004.

PETRÓPOLIS. **Lei n.º 6.744, de 19 de abril de 2010**. Dispõe sobre alteração do artigo 43 e seu parágrafo único, da Lei n.º 4980, de 27 de novembro de 1992, e dá outras providências. Petrópolis, 2004.

PETRÓPOLIS. **Lei n.º 6.870, de 03 de agosto de 2011**. Dispõe sobre o Plano de Carreira e Remuneração dos Profissionais da Educação Pública Municipal de Petrópolis - RJ, estabelece normas de enquadramento, institui nova tabela de vencimentos e dá outras providências. Petrópolis, 2004.

PETRÓPOLIS. Resolução COMED/CEB 001 de 13 de novembro de 2012. Fixa normas para a abertura e o funcionamento de instituições de Educação Infantil no Sistema Municipal de Ensino de Petrópolis. *In*: PLACCO, V. M. N. **O coordenador pedagógico e a educação continuada**. São Paulo: Edições Loyola, 1998.

PLACCO, V. M. N. **O coordenador pedagógico e o cotidiano da escola**. São Paulo: Edições Loyola, 2003.

PLACCO, V. M. N. **O coordenador pedagógico e os desafios da educação**. São Paulo: Edições Loyola, 2008.

PLACCO, V. M. N. **O coordenador pedagógico**: provocações e possibilidades de atuação. São Paulo: Edições Loyola, 2012.

PLACCO, V. M. N. **O coordenador pedagógico no espaço escolar**: articulador, formador e transformador. São Paulo: Edições Loyola, 2015.

PLACCO, V. M. N. **O coordenador pedagógico e a legitimidade de sua atuação**. São Paulo: Edições Loyola, 2017.

PIMENTA, S. G. (org.). **Saberes pedagógicos e atividade docente**. São Paulo: Cortez, 2002.

PRADO, G. do V. T.; FERREIRA, C. R.; FERNANDES, C. H. Narrativa Pedagógica e memoriais de formação: escrita dos profissionais da educação? **Revista Teias**, Rio de Janeiro, v. 12, n. 26, p. 143- 153, set./dez. 2011.

PRADO, G. do V. T, SANTOS, J. de F. Inventário – Organizando os achados de uma pesquisa. **EntreVer**, Florianópolis, v. 1, n. 1, p. 137-154, 2011.

PRADO, G. do V. T. Narrativas pedagógicas: indícios de conhecimentos docentes e desenvolvimento pessoal e profissional. **Interfaces da Educação**, Paranaíba, v. 4, n. 10, p. 149-165, 2013.

PRADO, G. do V. T.; SERODIO, L. A. Metodologia narrativa de pesquisa em Educação na perspectiva do gênero discursivo bakhtiniano. *In*: PRADO, G. do V. T.; SERODIO, L. A.; PROENÇA, H. H. D. M.; RODRIGUES, N. C. **Metodologia narrativa de pesquisa em educação**: uma perspectiva bakhtiniana. São Carlos: Pedro & João Editores, 2015.

PRADO, G. do V. T.; FRAUENDORF, R. B. S.; CHUTZ, G. C. C. B. Inventário de pesquisa: uma possibilidade de organização de dados da investigação. **Revista Brasileira de Pesquisa (Auto)Biográfica**, Salvador, v. 3, n. 8, p. 532-547, maio/ago. 2018.

QUIJANO, A. **Colonialidade do poder, eurocentrismo e América Latina**. Buenos Aires: Clacso, 2005.

QUIJANO, A. Colonialidade, poder, globalização e democracia. **Revista Novos Rumos**, Marília, v. 17, n. 37, p. 2-26, 2012.

ROCHA, E. C.; BATISTA, R. Docência na educação infantil: origens de uma constituição profissional feminina. **Revista Zero a Seis**, Santa Catarina, v. 20, n. 37, p. 95-111, 2018.

ROSEMBERG, F. Do embate para o debate: educação e assistência no campo da educação infantil. *In*: MACHADO, M. L. de A. (org.). **Encontros e desencontros em educação infantil**. São Paulo: Cortez, 2002.

ROSEMBERG, F. Sísifo e a educação infantil brasileira. **Pro-Posições**, Campunas, v. 14, n. 1, p. 177-194, jan./abr. 2003.

ROSEMBERG, F. Programa da educação infantil brasileira contemporânea. *In*: SIMPÓSIO EDUCAÇÃO INFANTIL: CONSTRUINDO O PRESENTE. **Anais** [...]. Brasília: Unesco Brasil, 2003.

ROSEMBERG, F. Políticas públicas e qualidade da educação infantil. *In*: SANTOS, M. O. dos; RIBEIRO, M. I. S. (org.). **Educação infantil**: os desafios estão postos: e o que estamos fazendo? Salvador: Sooffset, 2014. p. 169-185.

ROSEMBERG, F. A cidadania dos bebês e os direitos de pais e mães trabalhadoras. *In*: FINCO, D.; GOBBI, M. A.; FARIA, A. L. G. de (org.). **Creche e feminismo**: desafios atuais para uma educação descolonizadora. Campinas: Edições Leitura Crítica; Associação de Leitura do Brasil (ALB); São Paulo: Fundação Carlos Chagas (FCC), 2015.

SANTOS, M. O retrono do território. *In*: SANTOS, M.; SOUZA, M. A. A.; SILVEIRA, M L. **Território**: globalização e fragmentação. São Paulo: Hucitec; Anpur, 1993.

SAVIANI, D. Formação de professores: aspectos históricos e teóricos do problema no contexto brasileiro. **Revista Brasileira de Educação**, Rio de Janeiro, v. 14, n. 40, p. 143-155, jan./abr. 2009.

SARAMAGO, J. **Cadernos de Lanzarote**. São Paulo: Companhia das Letras, 1998.

SCHUELER, A. F. M. Educação, experiência e emancipação: contribuições de E. P. Thompson para a história da educação. **Revista Trabalho Necessário**, Niterói, ano 12, n. 18, p. 98-122, 2014.

SPIVACK, G. C. **Pode o subalterno falar?** Tradução: Sandra Regina Goulart Almeida; Marcos Pereira Feitosa; André Pereira Feitosa. Belo Horizonte: Editora da Universidade Federal de Minas Gerais, 2010.

THOMPSON, E. P. **A miséria da teoria ou um planetário de erros**: uma crítica ao pensamento de Althuser. Rio de Janeiro: Zahar, 1981.

VASCONCELLOS, V. M. R. (org.). **Educação da infância**: história e política. Rio de janeiro: DP&A, 2005.

VIEIRA, A. H. Cartas pedagógicas. *In*: STRECK, D.; REDIN, E.; ZITKOSKI, J. J. (org.). **Dicionário Paulo Freire**. 4. ed. rev. e aum. Belo Horizonte: Autêntica, 2018. p. 75-76.

VILLELA, H. A primeira escola normal do Brasil. *In*: NUNES, C. (org.). **O passado sempre presente**. São Paulo: Cortez, 1992.

ZIMMER, R. O. D. **Registro reflexivo do agir e do pensar de um grupo encantadamente comprometido com a proposta curricular transformadora**. Dissertação — (Mestrado em Educação), Pontifícia Universidade Católica do Rio Grande do Sul, Porto Alegre, 2004.

ANEXOS

CARTA 1

Petrópolis, 22 de setembro de 2021

Caríssima,

É com imensa satisfação que te envio esta carta após nosso primeiro contato com o intuito de convidá-la para participar da pesquisa de minha tese de doutorado que, por enquanto, intitula-se A formação continuada nos CEIs como ponto de encontro das memórias das Orientadoras Escolares: produzindo diálogos, tecendo narrativas para registrar experiências.

O que inicialmente pretendia uma pesquisa de campo nas instituições precisou ser reconfigurado diante do cenário imposto pela pandemia da COVID 19 que nos forçou um distanciamento físico inimaginável. Todavia, buscar compreender os contextos históricos e buscar mecanismos de superação das problemáticas faz parte da Educação, não é mesmo? Haja vista o atual cenário, com o qual podemos vislumbrar um desmonte de várias construções históricas que visam à educação como um direito para todos.

O referencial teórico metodológico do meu estudo está pautado nas discussões sobre a experiência/memória/narrativa. Assim, seus saberes em diálogo, permitirão registrar tempos vividos e como experimentou cada momento, anunciando possibilidades, contribuindo com a construção de saberes.

É preciso sonhar... mas, não sonhar e nada mais. Paulo Freire nos ensina que "os sonhos são projetos pelos quais a gente luta". Por isso, te convido a sonhar comigo, uma outra educação, uma outra sociedade e, isso fica mais fácil quando sonhamos e lutamos juntos. Diante da impossibilidade de encontros físicos te convido ao diálogo a partir da escrita de cartas nas quais abrirá o armário de suas memórias, registrará suas experiências as quais serão narradas nos textos escritos que depois alimentarão as análises e reflexões do estudo em curso.

Desta forma, solicito que em sua primeira carta você faça uma apresentação pessoal, falando sobre sua trajetória de formação e atuação no magistério.

Finalizo, agradecendo por estar comigo nesta empreitada, na certeza de que saborearemos cada lembrança, cada palavra escrita e que estas construirão outros saberes. Para acalentar nossos corações compartilho a letra da música Sol de Primavera de Beto Guedes porque, por coincidência ou não, nossa troca de cartas inicia com a chegada da primavera.

Sol de Primavera (Beto Guedes)

Quando entrar setembro
E a boa nova andar nos campos
Quero ver brotar o perdão
Onde a gente plantou
Juntos outra vez
Já sonhamos muito
Semeando as canções no vento
Quero ver crescer nossa voz
No que falta sonhar
Já choramos muito
Muitos se perderam no caminho
Mesmo assim não custa inventar
Uma nova canção
Que venha nos trazer
Sol de primavera
Abre as janelas do teu peito
A lição sabemos de cor
Só nos resta aprender

Com carinho,

Sandra

CARTA 2

Petrópolis, 08 de outubro de 2021

Caríssima ....,

O intuito da primeira carta foi conhecer um pouco sua trajetória de formação. A possibilidade de estabelecer este diálogo é uma forma de nos conectarmos em torno de um objetivo comum, o que neste caso significa extrair ensinamentos da experiência vivida para registrar e construir conhecimento.

Algumas colegas fizeram relatos emocionados sobre a escolha profissional, umas dizendo terem escolhido e outras afirmando terem sido escolhidas pela profissão. A despeito de escolhermos ou sermos escolhidos vamos, no trajeto, construindo uma cultura profissional docente como destaca Antonio Nóvoa.

Temos sempre a sensação de que a educação vive tempos de incertezas e perplexidades e, considerando o conceito de inacabamento defendido por Paulo Freire, a educação deve mesmo ser assim, estar sempre em movimento. Entretanto, é preciso unir forças para que esse movimento se dê no sentido do conceito também freireano de Educação Popular que visa a socialização de experiências e saberes, que ressalta o valor do trabalho coletivo, orientando a transformação da sociedade e não meramente um conformismo obediente às questões simplesmente prescritas.

E a cultura profissional docente também significa aprender no diálogo com os pares, com os mais experientes, com aqueles que já caminharam um pouco mais e que nos ajudam a andar por caminhos que ainda não conhecemos muito bem.

Tomando como premissa a ideia de movimento, bem como a certeza de que a docência extrapola as ações da sala de aula, sendo a coordenação pedagógica também função docente, nesta segunda carta peço que você escreva sobre como chegou na função, que no nosso município é nomeado de Orientador Escolar, no Centro de Educação Infantil.

Conte sua experiência, seus sentimentos, suas percepções iniciais, suas expectativas para esse novo que a você se apresentava. Enfim, tal qual na carta anterior que teve o objetivo de evocar lembranças da sua formação, nesta, a ideia é que narre a experiência que só você viveu ao iniciar o trabalho como Orientadora, se considerarmos o que Jorge Larrosa define como "A experiência é o que nos passa, o que nos acontece, o que nos toca". Dessa experiência é possível extrair saberes, o que o autor denomina "saber da experiência".

Aguardando com carinho por sua resposta,

Sandra

CARTA 3

Petrópolis, 20 de novembro de 2021

Caríssima ,

Como vai?

A última carta pedia para você contar sobre como chegou à função de Orientação Escolar no CEI, essa função que, no início dessa última década, era ainda tão nova. E, por isso mesmo, tão desafiadora.

A defesa para que os CEIs tivessem direito ao Orientador integrando a equipe gestora também foi um desafio uma vez que romper com a perspectiva de atendimento à criança de zero a cinco anos de idade num viés assistencialista é uma luta constante, mesmo passados mais de duas décadas da integração desta etapa educacional aos sistemas de ensino.

Partimos do pressuposto de que todos os profissionais que atuam na educação infantil passaram e ainda passam por mudanças importantes nas suas concepções sobre seus fazeres, mudanças resultantes das transformações significativas ocorridas a partir da Constituição de 1988, do ECA de 1990 e da LDB de 1996 que embasaram o processo de ascensão da educação infantil como primeira etapa da educação básica. Esse cenário demanda um alinhamento dos dispositivos legais com as práticas cotidianas das instituições, um cenário que se constitui a cada dia.

A constituição dos CEIs como instituições educacionais também trouxe o aumento das demandas administrativas, tão caracterizada na gestão escolar, que compreende a relação com a família, comunidades, alunos, pessoal, infraestrutura, enfim... toda sorte de exigências para o bom funcionamento da instituição. Reconhecendo que essas exigências são importantíssimas para o bom funcionamento institucional, ressalta-se a importância do Orientador como aquele que irá olhar mais de perto para o cotidiano das crianças e as práticas de cuidar e educar.

Na última carta, você contou como chegou à função de Orientador de CEI, esse lugar tão novo naquele momento. Agora, nesta terceira carta, peço que você conte um pouco sobre a sua percepção entre as expectativas que tinha com a função e o cotidiano vivido. Relembre os desafios encontrados, a rotina de seu fazer, os caminhos trilhados naquela realidade vivida.

Terminei a última carta citando Larrosa (2002) e o saber da experiência. Volto a citá-lo:

> "O saber da experiência é um saber que não pode separar-se do indivíduo concreto em quem encarna. Não está, como o conhecimento científico, fora de nós, mas somente tem sentido no modo como configura uma personalidade, um caráter, uma sensibilidade ou, em definitivo, uma forma humana singular de estar no mundo, que é por sua vez uma ética (um modo de conduzir-se) e uma estética (um estilo)."

Essa experiência é só sua...

Aguardando com carinho por sua resposta,

Sandra

CARTA 4

Petrópolis, 05 de janeiro de 2022

Caríssima ... Como vai? Feliz 2022!!!!

Estamos aqui iniciando um novo ano cheio de expectativas, esperanças por dias melhores e, no campo educacional, um ano de muitos desafios a serem enfrentados devido ao longo tempo da pandemia da Covid 19.

Não podemos esmorecer!! Olhar com olhos de enxergar o cenário que se apresenta, contribuindo com nossos saberes e fazeres configura-se como um princípio ético neste momento. Já que estamos aqui com estas cartas trocando memórias e experiências, daqui a um tempo esse momento ímpar vivido por todos nós também será partilhado de variadas formas.

Na última carta pedi para você contar sobre as expectativas que tinha com a função que iria exercer no CEI e o cotidiano da realidade vivida.

Desde a publicação da Lei nº de 6.870 de 03 de agosto de 2011 que dispõe sobre o Plano de Cargos Carreiras e Salários, a função do Orientador Escolar tem suas atribuições definidas, enriquecendo a compreensão do quanto esses profissionais podem fortalecer a dinâmica das relações sociais que configuram a vida escolar. A ele compete a função de suporte pedagógico à docência nas áreas de planejamento, acompanhando o processo de ensino e aprendizagem.

A referida lei elenca 15 atribuições para a função, dentre elas compor a equipe gestora da escola e atuar, participativamente, na coordenação do trabalho pedagógico e educacional e promover reuniões e atividades que visem ao desenvolvimento e ao aperfeiçoamento dos docentes, fortalecendo a escola como lócus da formação continuada.

Diante do exposto reconhece-se que o trabalho de formação continuada em serviço favorece a tomada de consciência dos profissionais sobre suas ações e o conhecimento sobre o meio em que atuam e assim promover o desenvolvimento profissional. E você realizou ou ainda realiza essa função e, essa experiência é muito importante para ampliarmos nosso olhar sobre esse lugar: Orientador Escolar em Centros de Educação Infantil.

Por isso, nessa carta peço que você escreva sobre essa dimensão formação continuada da equipe em seus múltiplos aspectos, a começar pela questão se tinha ciência desta atribuição para sua função; como se organizava para a tarefa; quais os desafios; quais as possibilidades; possíveis avanços; quais os anseios; enfim relate sua experiência como articulador, formador e transformador do cotidiano das práticas de cuidar e educar em espaços educacionais de educação infantil a partir da formação continuada da equipe.

Aguardando com carinho por sua resposta,
Sandra

CARTA 5

Petrópolis, 03 de fevereiro de 2022

Caríssima,

Nossa, um mês se passou da última carta... os anos iniciam e freneticamente vão se desenrolando, seguindo seu curso, fazendo com que o tempo pareça cada vez mais curto.

Na última carta pedi para você escrever sobre a formação continuada da equipe como função do Orientador Escolar, pensando nos desafios, nas possibilidades, enfim na sua experiência.

Ao ler as cartas podemos perceber que desafio é uma palavra muito presente. Os desafios são muitos e requerem sempre uma postura de enfrentamento para o alcance dos objetivos propostos. Um aprendizado no curso que venho tentando desenvolver é "escovar palavras", ensinamento da poesia Escova de Manoel de Barros, que aqui compartilho com você:

"Eu tinha vontade de fazer como os dois homens que vi sentados na terra escovando osso. No começo achei que aqueles homens não batiam bem. Porque ficavam ali sentados na terra o dia inteiro escovando osso. Depois aprendi que aqueles homens eram arqueólogos. E que eles faziam o serviço de escovar osso por amor. E que eles queriam encontrar nos ossos vestígios de antigas civilizações que estariam enterrados por séculos naquele chão. Logo pensei de escovar palavras. Porque eu havia lido em algum lugar que as palavras eram conchas de clamores antigos. Eu queria ir atrás dos clamores antigos que estariam guardados dentro das palavras. Eu já sabia também que as palavras possuem no corpo muitas oralidades remontadas e muitas significâncias remontadas. Eu queria então escovar as palavras para escutar o primeiro esgar de cada uma. Para escutar os primeiros sons, mesmo que ainda bígrafos. Comecei a fazer isso sentado em minha escrivaninha. Passava horas inteiras, dias inteiros fechado no quarto, trancado, a escovar palavras. Logo a turma perguntou: o que eu fazia o dia inteiro trancado naquele quarto? Eu respondi a eles, meio entressonhado, que eu estava escovando palavras. Eles acharam que eu não batia bem. Então eu joguei a escova fora."

Não jogando a escova fora, vamos buscando escutar os significados primeiros das palavras e, desafio que pelo dicionário é sinônimo de provocação, em sua origem no latim significa DISFIDARE - "renunciar a própria fé": DIS (afastamento) e FIDES (fé).

No entanto, as experiências narradas nos levam a perceber que em nenhum momento o desafio foi assim compreendido por vocês. Podemos considerar que foram enfrentados na perspectiva freireana a qual concebe o desafio não como acima definido mas sim, provocar-se no sentido de escolher a fé no ser humano. Para Freire, "Não há também diálogo se não há uma imensa fé nos homens. Fé no seu poder de fazer e refazer. De criar e recriar. Fé na sua vocação de ser mais, que não é privilégio de alguns eleitos, mas direito dos homens".

Essa fé nos move então pelos caminhos da formação, acreditando que, apesar de todas as dificuldades, há possibilidades, há sempre aquele que se deixa tocar, se abre ao diálogo, se permite mudar.

Essa mesma fé nos moveu durante algum tempo para constituirmos o GE como momento de estudos, trocas, reflexões. Se não tivéssemos assim encarada todos os desafios que se colocaram há tantos anos quando defendíamos com unhas e dentes a importância desses momentos nos CEIs, talvez tivéssemos desistido e "jogado a escova fora como fez o poeta. Mas, lutamos e hoje é uma situação concreta.

Defender o propósito do GE, caracterizando a instituição como lócus de formação continuada é romper com uma ideia muito comum da formação esporádica que trata de temas em oficinas, palestras... porém, não se debruça sobre o cotidiano.

Assim, nesta carta peço a você que compartilhe suas experiências nesses GEs, espaço que posso assim dizer, nasceu para o seu fazer que é pedagógico. Sua memória certamente está repleta de lembranças positivas, negativas, felizes e nem tanto, vitoriosas e fracassadas... não importa. São essas experiências que constituem este espaço/tempo de formação.

Aguardando com carinho sua resposta,

Sandra